No.	16	17	18	3	19	20	21	22	23	24	4	25	26	27	5	28
基本形	たり	けむ	たし	終止形（ラ変型活用語には連体形）に接続する助動詞	べし	まじ	らむ	らし	めり	なり	連体形・体言・助詞などに接続する助動詞	なり	たり	ごとし	サ変の未然形・四段の已然形に接続する助動詞	り
未然形	たら	○	たから／たく		べから／べく	まじから／まじく	○	○	○	○		なら	たら	○		ら
連用形	たり	○	たかり／たく		べかり／べく	まじかり／まじく	○	○	めり	なり		なり／に	たり／と	ごとく		り
終止形	たり	けむ	たし		べし	まじ	らむ	らし	めり	なり		なり	たり	ごとし		り
連体形	たる	けむ	たかる／たき		べかる／べき	まじかる／まじき	らむ	らし（らしき）	める	なる		なる	たる	ごとき		る
已然形	たれ	けめ	たけれ		べけれ	まじけれ	らめ	らし	めれ	なれ		なれ	たれ	○		れ
命令形	たれ	○	○		○	○	○	○	○	○		なれ	たれ	○		れ
主な意味	存続・完了	過去推量・原因理由推量・伝聞・婉曲	希望		推量・意志・当然・命令・適当・勧誘・可能	打消推量・打消意志・打消当然・不可能・禁止	視界外現在推量・原因理由推量・伝聞・婉曲	確かな根拠にもとづく推量	推定・婉曲	推定・伝聞		断定・存在	断定	比況・同等・例示		存続・完了

東進ハイスクール
三羽邦美 著

古文
ヤマのヤマ

ポイント

Gakken

はじめに

「日本昔ばなし」ではありませんが、昔のお話というのは面白いものです。それが、勉強の「古文」となると嫌われるのは残念です。もっと「古文」の世界を楽しんでほしいと思うのですが、英語でも、数学でも、古文でも、「面白い」と思えるのは、たぶん「わかる」からで、テストで点がとれて、「できる」からです。

みんな、もっと「古文」で点がとれるようになってほしいという思いで、この『ヤマのヤマ』を作りました。

古文は「何をどれだけやればいいか」が見えている科目です。それを、まずわかってください。あとは、それを自分のアタマに収める、君たち自身のまじめさの勝負です。

江戸時代の国学者本居宣長は、『うひ山ぶみ』という書物で、「学問は、倦まず怠らず、励み努むるぞ肝要」だと言っています。もっとも、そこがなかなか難しいところなのですが、でも、「勉強ができる」というのは、その「がまんができる」ことなのだということは、実は、みんながわかっていることです。

一歩でも高いところに登りましょう。足を動かさずにいくらつま先立っても、その低いから見えるものは限られています。高いところから見える景色の広さは、高いところに立った人にしか見えない。その景色を見ないまま、知らないままなんて、残念ではありませんか。さあ、ヤマに登りましょう！

倦まず弛まず 励み努むるぞ肝要 三羽邦美

本書の構成と活用法

古文の勉強は、ポイントをおさえることが肝心!

はじめにPART1で、古文で「何をどれだけ勉強すればよいか」「どうやって勉強すればよいか」をおさえましょう。

古文は「文法」と「単語」の「知識」が土台の科目です。とはいえ、膨大な文法や単語をすべて学習しなければならないわけではありません。よく出るポイントをおさえて、効率よく学習することが大切です。

まずは、力だめし。自分の現在地を見極めよう!

次に、PART2の「準備運動テスト」で、品詞の分類や用言の活用など、古文を学ぶ上で基礎となる事柄がきちんと身についているかチェックしましょう。このテストの内容は、この本で学習していくことの土台です。間違えたところがあったら、くり返しやってみて暗記しておくとよいでしょう。

入試問題に立ち向かう武器を身につけていこう!

大学入試によく出る「文法」のポイントは限られています。出やすいポイントをしっかり押さえれば、入試も怖くはありません。この本では、入試古文に必要な7つのポイント

を学習していきます。

- PART3　古文の基礎の基礎となる「用言の活用」
- PART4　読解の強い味方となる「助動詞」
- PART5　解釈の重要ポイントとなる「助詞」
- PART6　一番よく出る「紛らわしい語の識別」
- PART7　覚えていれば一発の勝負「陳述の副詞」
- PART8　単語として覚えたい「敬語」
- PART9　解釈に生きる「和歌の修辞」

演習ドリルの繰り返しと整理運動テストで力の確認を！

各PARTの学習項目には、見開きの**演習ドリル**がついています。もとになる知識が頭にたまっても、肝心なのは、それを問題文の読解や設問の解答に生かせるかどうかです。一度でなく、何度かくり返してください。何度目かに「カンタン！」と感じれば、力がついた証拠です。

PART10の「**整理運動テスト**」では、HOP、STEP、JUMPの3段階で、この本で学んできた知識を総ざらいします。それぞれの問題の答の下には、その項目を学習したページを示してありますから、間違えたところは必ず戻って再確認して、そのままにしないようにしましょう。忘れたら再確認すること、それが忘れない「実力」になっていきます。

目次

PART 1 ヤマのぼりの前に
点が取れる古文の力をつけよう！

- はじめに — 3
- 本書の構成と活用法 — 4
- 学習の心得 1　文法と単語が古文読解力のもと！ — 12
- 学習の心得 2　出やすいポイントを押さえよう！ — 13
- 学習の心得 3　用言と助動詞がすべての土台だ！ — 14
- 学習の心得 4　臨場感をもって問題を解く訓練を！ — 15
- 学習の心得 5　文法と単語をマークしながら読む！ — 16

PART 2 準備運動テスト
今の自分の力を確かめよう！

- 1　品詞の分類テスト — 18
- 2　動詞の活用テスト — 19
- 3　動詞の活用の種類の見分け方テスト — 20
- 4　形容詞・形容動詞の活用テスト — 21
- 5　助動詞の接続による分類テスト — 22

PART 3 用言の活用ヤマのヤマ
用言の活用は文法の土台 絶対に我慢して覚えよう！

1 活用と活用形 ……24
2 動詞の活用 ……26
3 形容詞・形容動詞の活用 ……34
読みのヤマ単 1 衣服のベスト20 ……40

PART 4 助動詞のヤマのヤマ
助動詞の接続と意味の判断は文法問題最大のヤマ！

4 過去の助動詞「き」「けり」 ……42
5 完了の助動詞「つ」「ぬ」 ……46
6 存続の助動詞「たり」「り」 ……50
7 「る」「らる」の意味の判断 ……54
8 「す」「さす」「しむ」の意味の判断 ……58
9 「む」「むず」の意味の判断 ……62
10 現在推量の「らむ」・過去推量の「けむ」 ……66
11 「べし」の意味の判断 ……70
12 推定の助動詞「なり」「めり」「らし」 ……74
13 反実仮想の助動詞「まし」 ……78

PART 5 助詞のヤマ
助詞の数は多いが、出るポイントはこれだけだ!

- 読みのヤマ単 2 住居のベスト20 …… 82
- 14 打消の助動詞「ず」「じ」「まじ」 …… 86
- 15 希望の助動詞「たし」「まほし」・比況の助動詞「ごとし」 …… 90
- 16 格助詞「の」「が」の用法 …… 92
- 17 接続助詞「ば」の用法 …… 96
- 18 接続助詞「が」「に」「を」の用法 …… 100
- 19 係り結びのきまり・結びの省略と流れ …… 104
- 20 解釈を問われる係り結び …… 108
- 21 副助詞「だに」「すら」「さへ」の用法 …… 112
- 22 願望の終助詞 …… 116
- 読みのヤマ単 3 調度・生活用品のベスト20 …… 120

PART 6 識別のヤマ
識別問題は超頻出! BEST 3は「なり・に・なむ」!

- 23 「なり」の識別（1）伝聞・推定か、断定か? …… 122
- 24 「なり」の識別（2） …… 126
- 25 「に」の識別（1）完了か、断定か? …… 130

8

PART 7 陳述の副詞ヤマのヤマ
空欄問題と解釈問題に備えよ！

26 「に」の識別（2） —— 134
27 「なむ」の識別 —— 138
28 「ぬ」「ね」の識別　打消か、完了か？ —— 142
29 「し」の識別 —— 146
30 「せ」の識別 —— 150
31 「る」「れ」の識別 —— 154
32 「らむ」の識別 —— 158
読みのヤマ単　4　身分・官職のベスト20 —— 162
33 陳述（呼応）の副詞（1）　打消と呼応するもの —— 164
34 陳述（呼応）の副詞（2）　禁止・推量・願望と呼応するもの —— 168
読みのヤマ単　5　行事・習慣のベスト20 —— 172

PART 8 敬語のヤマのヤマ
敬語の力は文法ではない　単語として覚えよう！

35 敬語の種類と敬語動詞一覧 —— 174
36 最高敬語と絶対敬語 —— 182
37 尊敬の「給ふ」と謙譲の「給ふ」 —— 188

PART 10 整理運動テスト
文法の力を解釈に生かせるか！

読みのヤマ単 7 月名・時刻・方位 ベスト24

- 44 物名(もののな)・折句(おりく)・沓冠(くつかむり) 226
- 43 縁語(えんご) 224
- 42 序詞(じょことば) 220
- 41 枕詞(まくらことば) 216
- 40 掛詞(かけことば) 210

PART 9 和歌の修辞ヤマのヤマ
「枕詞」「序詞」「縁語」もあるが、「掛詞」が圧倒的に大事！

読みのヤマ単 6 仏教語のベスト20 202

- 39 敬意の方向と対象 196
- 38 「参る」「奉る」の尊敬・謙譲の用法 192

PART 1

ヤマのぼりの前に

点が取れる古文の力をつけよう！

古文は「知識」が土台の科目！
「何をどれくらいやればいいのか」が
見えている科目だ！
まずは、それを認識することが大事！
無駄のない上手な勉強をして、
点が取れる古文の力をしっかり身につけよう！

1 学習の心得

文法と単語が古文読解力のもと！

　古文は「**知識**」が土台の科目です。質問されている、傍線部にあるポイントに気がつくか、そのポイントについて知っているか、わかっているかの勝負です。

　その土台の「知識」とは、言うまでもなく「**文法**」と「**単語**」の力で、この二つが、古文の読解力のもとです。

　たとえば、竹の中からかぐや姫を見つけたお爺さんが、

　例　いと幼ければ、籠に入れてやしなふ。　　［竹取物語］

とあったとき、「幼けれ」は、口語文法では仮定形ですが、文語文法では已然形ですから、「もしとても小さかったら」でなく、「とても小さいので」と訳せなければなりません。これが「文法」の力です。

　また、たとえば、清少納言が言っている、

　例　悩みわたるが、怠りぬるもうれし。　　［枕草子］

を、「悩んで渡るのがなまけたのもうれしい」と訳したら、何を言っているのかわかりませんよね。「悩む」は「病気になる」、「わたる」は「ずっと…する」、「怠る」は「病気が治る」だとわかっていて、「ずっと病気だったのが、治ったのもうれしい」と訳せなければなりません。これが「単語」の力です。

② 学習の心得

出やすいポイントを押さえよう！

読解力のもとは「文法」と「単語」だと言いましたが、**問題を解くためには「文法」の力は絶大**です。

先の「幼ければ」のように、「未然形＋ば」か「已然形＋ば」かが判断できるだけで、選択肢がイッキに二つに絞られるようなことも少なくありません。とくに、センター試験などでは、何が問われているかを判断して、「知識」で答を絞り込むスピードがとても大事です。

ただ、学校で使っている古典文法のテキストを虱つぶしに勉強する必要はありません。よく出る「文法」のポイントは限られています。

① 用言（動詞・形容詞・形容動詞）の活用の判断
② 用言と助動詞の接続と、助動詞の意味の判断
③ 係り結びについてのいろいろ
④ 「なり・に」などの、紛らわしい語の識別
⑤ 「え…打消」などの、陳述の副詞の呼応と解釈
⑥ 敬語の種類と、敬意の方向（対象）の判断

などです。古文は「何をどれくらいやらなければならないか」が見えている科目ですから、「出やすいポイント」を認識して、そこを要領よく勉強することが大切です。

③ 学習の心得

用言・助動詞

用言と助動詞がすべての土台だ！

心を鬼にして言っておきますが、用言の活用と、助動詞の接続と活用と意味は、絶対に覚えなければいけません。**用言と助動詞の理解はあらゆる文法の問題の基礎の基礎なのです。**

用言と助動詞の力を完璧にして、いろいろな判断の「知識」を身につければ、どんなにヤスヤスと問題が解けることか！　だまされたと思ってがまんしてやってみてください。たとえば一つ訳の問題、

例　鴨(かも)ぞ鳴くなる山かげにして
〔万葉集〕

まず、「これは『なり』の問題だな」と、気がつかなければなりません。これを訳すには、「なり」は、終止形につけば伝聞・推定、連体形につけば断定だということ、「鳴く」は四段動詞で、「か・き・く・く・け・け」と活用するから、「鳴く」は終止形とも連体形ともいえること、ただし、係り結びの結びの「なり」は伝聞・推定だということ、結果、「山かげで鴨がよる性質があること、これだけの「知識」が必要で、結果、「山かげで鴨が鳴いているようだ」と訳します。「なる」は推定です。まあ「山かげ」で鴨が鳴いているわけですしね。

要するに、**「知識」があればカンタン**な問題ですが、知識がないと、「鳴くのである」とミスったりするということです。

14

4 学習の心得

臨場感をもって問題を解く訓練を！

　試験では、**設問に対して解答できること**が大事なのであって、問題文の逐語訳や全訳を求められているわけではありません。細かい部分的な読解にひっかかっていないことが大事です。

　問題には、必ず**解答の根拠**（ヒント）があります。

　文法問題であれば、当然傍線部そのものと前後の接続部に、**解釈**（口語訳）**問題**であれば、これも当然その傍線部の中の単語や文法近くに、**心情説明**の問題であれば、傍線部の人物自身の会話文や心話文（心中思惟）の中に、たいがい根拠があります。

　もっとも、傍線部そのものが解釈できて、解答の根拠を見つけるためには、あるいは、見つけるためにこそ、単語と文法による「読解力」が必要なのです。

　「**解答を出す力**」をつけるには、「**問題を解く**」訓練を重ねることなのですが、まずは、ポイントの理解を確認し、徹底するためのドリルによる繰り返しの練習です。その上で、実際の入試問題による演習ですが、その場合、**時間制限**をして臨場感をもってやることが大切です。**模擬試験**なども、尻ごみせずに挑戦して、自分の現状の力の認識に役立てましょう。

5 学習の心得

文法と単語をマークしながら読む！

受験生のころから、教壇に立って教えるようになった後も、ずっと続けている予習法があります。

問題をやってみるときでもいいのですが、赤・青・黄・緑などのマーカーか色鉛筆を用意します。そして、

重要単語や**敬語**は→青
助動詞はあったらすべて→黄
助詞は解釈上大事なものだけ→赤
主な登場人物は→緑

のようにマークしていきます。色はもちろん好みの色でかまいませんし、色がつくのがいやな人は□・○・▽などで囲むとかでもいいのですが、**手を動かして作業をする**ことで、ものごとが片づいていく感じが得られますし、見た目にも面白さが味わえます。

最初のうちはスラスラはかどらず、かえって面倒かもしれませんが、助動詞や助詞の判断などは何度も同じものが出てくるのですぐに慣れますし、だんだん色分けのスピードが出てくるようになれば、ちょっと力がついてきたかな…と実感できるようになります。

試してみてください。

PART 2

準備運動テスト

今の自分の力を確かめよう！

敵を知り己を知れば百戦危うからず！
敵の攻略にとりかかる前に、
まずは、今の自分がどれくらいの力か？
基本事項のカンタンなテストで
力だめしをしてみよう！

1 品詞の分類テスト

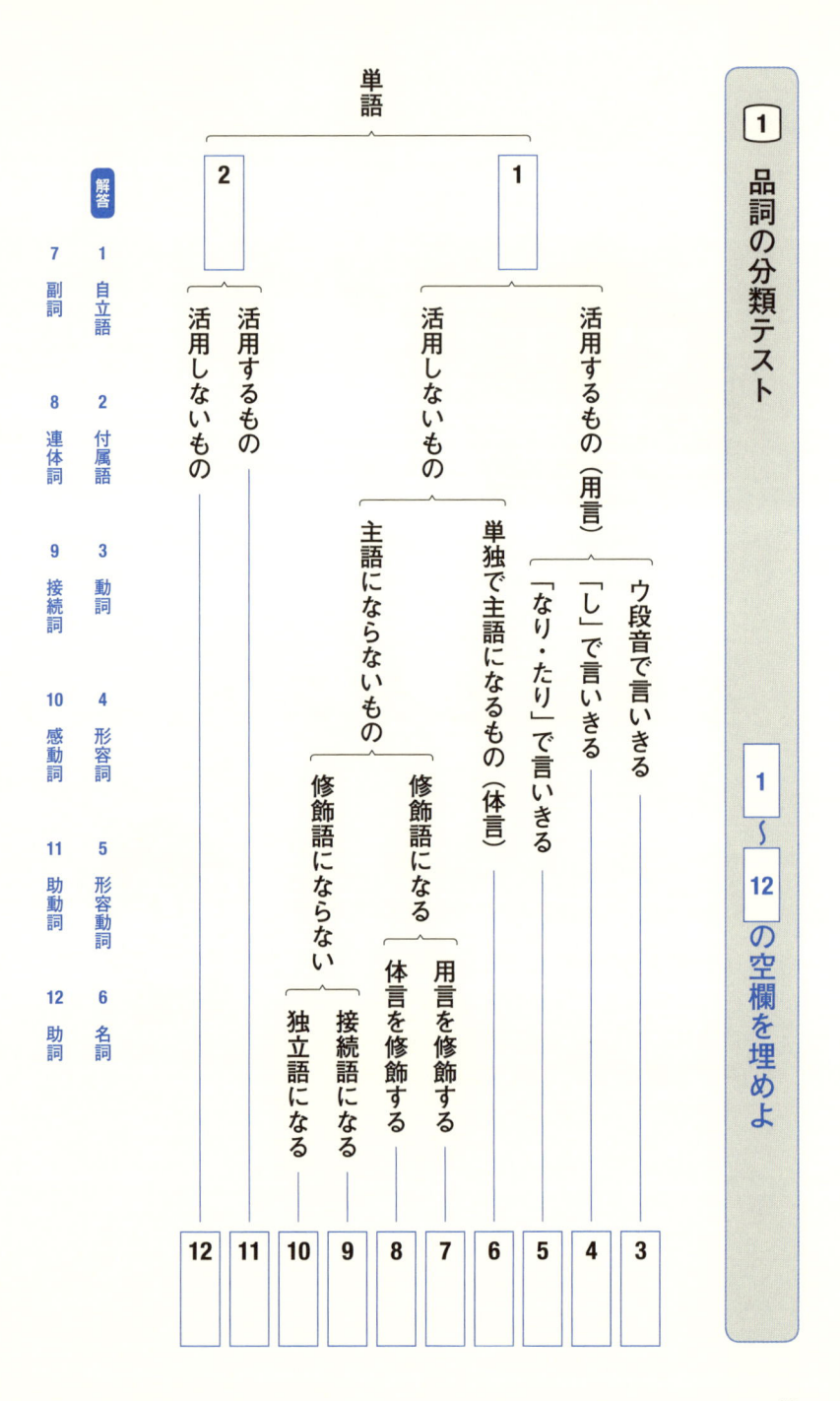

1〜12 の空欄を埋めよ

```
                        単語
                ┌────────┴────────┐
               [2]               [1]
          活用しない          活用する
          もの                もの
      ┌────┴────┐         ┌────┴────┐
   活用する   活用しない   活用するもの（用言）
   もの      もの              │
                          ┌────┼────┐
                        ウ段音で  「し」で  「なり・たり」で
                        言いきる  言いきる  言いきる
```

（縦書きの分類図）

- 活用するもの（用言）
  - ウ段音で言いきる → [3]
  - 「し」で言いきる → [4]
  - 「なり・たり」で言いきる → [5]
- 活用しないもの
  - 単独で主語になるもの（体言） → [6]
  - 主語にならないもの
    - 修飾語になる
      - 用言を修飾する → [7]
      - 体言を修飾する → [8]
    - 修飾語にならない
      - 接続語になる → [9]
      - 独立語になる → [10]
- 活用するもの → [11]
- 活用しないもの → [12]

解答

1 自立語	7 副詞
2 付属語	8 連体詞
3 動詞	9 接続詞
4 形容詞	10 感動詞
5 形容動詞	11 助動詞
6 名詞	12 助詞

② 動詞の活用テスト

各語を活用させて、活用表を完成させよ

基本形	語幹	未然	連用	終止	連体	已然	命令	活用の種類
咲く	咲							カ行四段活用
起く	起							カ行上二段活用
受く	受							カ行下二段活用
着る	○							カ行上一段活用
蹴る	○							カ行下一段活用
来	○							カ行変格活用
す	○							サ行変格活用
死ぬ	死							ナ行変格活用
あり	あ							ラ行変格活用
つけてみる語		ズ	タリ	。	時	ドモ	。	

③ 動詞の活用の種類の見分け方テスト　空欄を埋めよ

Ⅰ 覚えておくもの

1 カ変　（1語）　□
2 サ変　（2語）　□
3 ナ変　（2語）　□　複合動詞が多い。（死す・ものす・論ず、など）
4 ラ変　（4語）　□
5 下一段（1語）　□
6 上一段（10語）　□　複合動詞あり。（試みる・顧みる・慮みる・鼻ひる・用ゐる・率ゐる、など）

Ⅱ 見分けるもの

7 四段——「ず」をつけると、未然形の語尾が□段の音になる。　例 咲　ず
8 上二段——「ず」をつけると、未然形の語尾が□段の音になる。　例 起　ず
9 下二段——「ず」をつけると、未然形の語尾が□段の音になる。　例 受　ず

解答 26ページ～33ページ参照

4 形容詞・形容動詞の活用テスト

各語を活用させて、活用表を完成させよ

形容詞の活用

基本形	語幹	未然	連用	終止	連体	已然	命令	活用の種類
		ズ	ナル・テ / ケリ	。	人・もの・時 / ベシ	ドモ	。	
なし	な			○		○	○	ク活用
美し	美			○		○	○	シク活用

つけてみる語

形容動詞の活用

基本形	語幹	未然	連用	終止	連体	已然	命令	活用の種類
		ズ	ケリ / 動詞	。	人・もの / ベシ	ドモ	。	
あはれなり	あはれ							ナリ活用
堂々たり	堂々							タリ活用

つけてみる語

解答 34ページ〜35ページ参照

5 助動詞の接続による分類テスト　空欄に助動詞を入れよ

1 未然形につくもの
- □（受身・可能・自発・尊敬）
- □（使役・尊敬）
- □（打消推量・他）
- □（推量・意志・他）
- □（打消）
- □（反実仮想・他）

2 連用形につくもの
- □（過去）
- □（完了・強意）
- □（存続・完了）
- □（希望）

3 終止形（ラ変型活用語には連体形）につくもの
- □（過去推量・他）
- □（希望）
- □（推量・意志・他）
- □（打消推量・他）
- □（現在推量・他）

4 体言・連体形・助詞などにつくもの
- □（根拠のある推定）
- □（推定・他）
- □（断定）
- □（比況）

5 サ変の未然形・四段の已然形につくもの
- □（存続・完了）

解答 後表紙の裏の「助動詞一覧」、42ページ〜86ページ参照

PART 3

用言の活用ヤマのヤマ

用言の活用は文法の土台
絶対に我慢して覚えよう！

用言の活用は古典文法の基礎の基礎だ！
ここをクリアしないと先に行けない！
絶対に覚えること！
「か、き、く、く、け、け」
「せ、し、す、する、すれ、せよ」
何度も声に出して覚えよう！

1 活用と活用形

1 活用とはどういうことか？

① 死（な）ず……未然形
② 死（に）たり……連用形
③ 死（ぬ）。……終止形
④ 死（ぬる）時……連体形
⑤ 死（ぬれ）ども……已然形
⑥ 死（ね）。……命令形

語幹＝活用しても形を変えない部分
活用語尾＝活用して形を変える部分

▼活用表

基本形	語幹	未然	連用	終止	連体	已然	命令
死ぬ	死	な	に	ぬ	ぬる	ぬれ	ね
つけてみる語		ズ	タリ	。	時	ドモ	。

※「基本形」＝言い切りの形＝終止形。

ヤマを講義 1 使われ方で語の形が変わる！

「用言」の特徴は「活用する自立語」であることです。「活用」とは、ことばが使い方によっていろいろと形を変えることをいいます。

たとえば、上段の例のように、「死なない」と否定したいために、打消の助動詞「ず」をつけようとすると、「死ぬ」は、「死な」の形になります。が、「死んだ・死に・」と言いたいために、完了の助動詞「たり」をつけようとすると、「死に・」の形になります。ふつうに言い切れば「死ぬ」ですが、現代語では、「時」のような名詞をつけるときは「死ぬ時」となります。古文では「死ぬ・死ぬる時」となります。命令して言い切れば、「死ね」になります。

形の変え方がいちばん多い、ナ行変格活用とサ行変格活用（32ページ）を基準にして、**活用形**は、未然形・連用形・終止形・連体形・已然形・命令形の六つにされています。

2 活用形のはたらき

未然形
- ⓐ 助動詞「る・らる・す・さす・しむ・ず・む・むず・じ・まし・まほし」がつく。
- ⓑ 接続助詞「ば・で」、終助詞「ばや・なむ」などがつく。

連用形
- ⓐ 連用修飾語になる。
- ⓑ 文を中止して下へ続ける。
- ⓒ 助動詞「き・けり・つ・ぬ・たり・けむ・たし」がつく。
- ⓓ 接続助詞「て・つつ」などがつく。

終止形
- ⓐ 述語として文を言い切る。
- ⓑ 助動詞「べし・まじ・らむ・らし・めり・なり」がつく。

連体形
- ⓐ 連体修飾語になる。
- ⓑ 格助詞「と」などがつく。
- ⓒ 助動詞「なり・たり」がつく。
- ⓓ 「が・に・を」他、多くの助詞がつく。
- ⓔ 「ぞ・なむ・や・か」の結びになる。

已然形
- ⓐ 「こそ」の結びになる。
- ⓑ 接続助詞「ば・ど・ども」がつく。

命令形
- ⓐ 命令して文を言い切る。

2 ヤマを講義 — 活用形は下につく語で判断！

活用形の名前は、その形の主なはたらきを代表してつけられています。

未然形は、「未ㇾ然（未だ然らず）」つまり「まだそうなっていない」ことを言う形です。打消の「ず」「で」や推量の「む」、仮定の「ば」などがつくのはそのためです。

連用形は、**下に用言を連ねるときの形**です。過去の「き・けり」や完了の「つ・ぬ・たり」がつくことが多く、下に「て」があるのも連用形です。

終止形は、そこで**文が終わる形**です。「べし」などの助動詞がつくこともあります。

連体形は、助詞が下にくることも多いのですが、基本的には、**下に体言（名詞）がくる形**です。

已然形は、「已に然り」つまり「もうそうなっている」ことを言う形です。口語文法では仮定形の位置ですが、まったく違いますから注意しましょう。

命令形は、命令して文を言い切る形です。

2 動詞の活用

① 四段活用

基本形	語幹	未然	連用	終止	連体	已然	命令
		a	i	u	u	e	e
咲く	咲	か	き	く	く	け	け
急ぐ	急	が	ぎ	ぐ	ぐ	げ	げ
移す	移	さ	し	す	す	せ	せ
立つ	立	た	ち	つ	つ	て	て
言ふ	言	は	ひ	ふ	ふ	へ	へ
飛ぶ	飛	ば	び	ぶ	ぶ	べ	べ
読む	読	ま	み	む	む	め	め
取る	取	ら	り	る	る	れ	れ

ヤマを講義 ① a i u e の四段に活用する!

「咲く」の形の変え方（活用のしかた）は、次のようになります。

- 咲（か）ず ………… 未然形
- 咲（き）たり ……… 連用形
- 咲（く）。 ………… 終止形
- 咲（く）時 ………… 連体形
- 咲（け）ども ……… 已然形
- 咲（け）。 ………… 命令形

「咲」の部分は活用しても形が変わらない「語幹」です。（ ）の中が、活用して形を変える「活用語尾」で、活用表の活用形の欄にはこれだけを入れます。

「か・き・く・け」は、カ行で活用しているわけですが、段でみると「a・i・u・e」と、「ア・イ・ウ・エ・オ」のオ段をのぞく四段分で活用しています。この形の活用を、「四段活用」といいます。

26

※「カ・ガ・サ・タ・ハ・バ・マ・ラ」行に例語がある。

2 ナ行変格活用（ナ変）

基本形	語幹	未然	連用	終止	連体	已然	命令
		a	i	u	uる	uれ	e
死ぬ	死	な	に	ぬ	ぬる	ぬれ	ね
往ぬ	往	な	に	ぬ	ぬる	ぬれ	ね

※「死ぬ・往（去）ぬ」の二語のみ。

3 ラ行変格活用（ラ変）

基本形	語幹	未然	連用	終止	連体	已然	命令
		a	i	i	u	e	e
あり	あ	ら	り	り	る	れ	れ
居り	居	ら	り	り	る	れ	れ
侍り	侍	ら	り	り	る	れ	れ
いまそかり	いまそか	ら	り	り	る	れ	れ

※「あり・居り・侍り・いまそかり」の四語のみ。

ヤマを講義 2 ナ変は「死ぬ・往ぬ」のみ！

「死ぬ」は、口語文法では五段活用で、「な／の・に・ぬ・ぬ・ね・ね」と活用しますが、文語文法では「な・に・ぬ・ぬる・ぬれ・ね」と活用します。

「な・に・ぬ・ね」であれば、正格である四段活用なのですが、連体形・已然形が「ぬる・ぬれ」とはずれているために「変格活用」といいます。

「往（去）ぬ」は「行く。去る」の意味です。

ヤマを講義 3 ラ変は「あり・居り」など四語！

ラ行変格活用は、「ら・り・る・る・れ・れ」と活用すれば正格の四段活用ですが、言い切りの終止形が「り」になることで「変格活用」なのです。

動詞はウ段音で言い切ることが特徴ですが、ラ行変格活用の四語だけは、イ段の「り」で言い切ります。

「居り」は、「いる」の意。「侍り」は、「あり・居り」の丁寧語です。「いまそかり」（いまそがり・いますかり・います
がり）は、「あり」の尊敬語です。

4 上一段（かみいちだん）活用

基本形	語幹	未然	連用	終止	連体	已然	命令
着る	○	き	き	きる	きる	きれ	きよ
似る	○	に	に	にる	にる	にれ	によ
干る	○	ひ	ひ	ひる	ひる	ひれ	ひよ
見る	○	み	み	みる	みる	みれ	みよ
射る	○	い	い	いる	いる	いれ	いよ
居る	○	ゐ	ゐ	ゐる	ゐる	ゐれ	ゐよ
顧みる	顧	み	み	みる	みる	みれ	みよ
用ゐる	用	ゐ	ゐ	ゐる	ゐる	ゐれ	ゐよ
		i	i	iる	iる	iれ	iよ

※基本語は「着る・似る・煮る・干る・見る・射る・鋳る・沃る・居る・率る」の十語。

4 ヤマを講義 上一段はイ段だけで活用する！

上一段活用は、口語文法では、命令形が「着ろ」とか「見ろ」のようになりますが、それ以外ほぼ同じ感覚です。

上の「着る」の活用を見ればわかるように、「き・き・きる・き(る)・き(れ)・き(よ)」と、カ行の中の「き」、つまり**イ段**でしか活用していません。この形を、まん中のウ段より**上方の一段のみの活用**という意味で、「**上一段**」活用といいます。

もうひとヤマ 語幹と語尾の区別がない！

上一段動詞の基本語「着る・似る・煮る・干る・見る・射る・鋳る・沃る・居る・率る」の十語は、語幹と語尾が分けられません。「着・似」などは一見語幹に見えますが、これを語幹の欄に入れると、活用表が「○・○・る・る・れ・よ」になってしまいます。

「射る・鋳る・沃る」は**ヤ行**、「居る・率る」は**ワ行**です。

上一段は、基本の十語以外にも、ハ行の「**鼻ひる**」、マ行の「**後見る・垣間見る・顧みる・試みる**」、ワ行の「**用ゐる・沃ゐる・率ゐる**」などがあり、これらは、語幹と語尾が分けられます。

⑤ 上二段活用

基本形	語幹	未然 i	連用 i	終止 u	連体 uる	已然 uれ	命令 iよ
起く	起	き	き	く	くる	くれ	きよ
過ぐ	過	ぎ	ぎ	ぐ	ぐる	ぐれ	ぎよ
落つ	落	ち	ち	つ	つる	つれ	ちよ
恥づ	恥	ぢ	ぢ	づ	づる	づれ	ぢよ
恋ふ	恋	ひ	ひ	ふ	ふる	ふれ	ひよ
忍ぶ	忍	び	び	ぶ	ぶる	ぶれ	びよ
恨む	恨	み	み	む	むる	むれ	みよ
老ゆ	老	い	い	ゆ	ゆる	ゆれ	いよ
下る	下	り	り	る	るる	るれ	りよ

※「カ・ガ・タ・ダ・ハ・バ・マ・ヤ・ラ」行に例語がある。

⑤ ヤマを講義 上二段活用は言い切りの感覚に注意！

上二段活用の動詞は、言い切りが、「起きる」「過ぎる」ではなく、「起く」「過ぐ」のようになる感覚が現代語と違うので、慣れる必要があります。

上の「起く」の例でいえば、カ行の中の「き・く」、つまり**イ段**と**ウ段**の、中心から**上へ二段分で活用する**ので、「**上二段**」活用といいます。

もうひとヤマ 「恋ふ・忍ぶ・恨む」は上二段！

打消の助動詞「ず」をつけてみると、つい「恋はず・忍ばず・恨まず」と言ってしまいそうになって、四段活用と間違いやすいのですが、これらは、「**恋ひず・忍びず・恨みず**」で、上二段動詞です。

もうひとヤマ 「ゆ」で言い切る動詞は？

上二段活用には、ヤ行の動詞が三つありますが、「**老ゆ・悔ゆ・報ゆ**」と、「ゆ」で言い切る動詞は、この「老ゆ・悔ゆ・報ゆ」以外、あとはすべて（たとえば「越ゆ」など）ヤ行下二段活用です。

6 下一段活用

基本形	語幹	未然	連用	終止	連体	已然	命令
蹴る	○	け e	け e	ける eる	ける eる	けれ eれ	けよ eよ

※「蹴る」一語のみ。

7 下二段活用

基本形	語幹	未然	連用	終止	連体	已然	命令
得	○	え e	え e	う u	うる uる	うれ uれ	えよ eよ
受く	受	け	け	く	くる	くれ	けよ
逃ぐ	逃	げ	げ	ぐ	ぐる	ぐれ	げよ
寄す	寄	せ	せ	す	する	すれ	せよ
混ず	混	ぜ	ぜ	ず	ずる	ずれ	ぜよ
捨つ	捨	て	て	つ	つる	つれ	てよ

6 ヤマを講義 下一段は「蹴る」一語だけ！

「蹴る」は、口語文法では五段活用なので、「蹴らず」と言ってしまいそうになりますが、古文では唯一の下一段活用動詞でエ段＝下の方の一段のみで活用します。語幹と語尾の区別ができません。

7 ヤマを講義 下二段はすべての行にある！

下二段活用も、上二段活用と同じく、言い切りが「得る」とか「受ける」ではなく、「得」「受く」のようになる感覚が大切です。すべての行に例語があり、下二段動詞は、四段動詞と並んで、たくさんあります。

上の「得」の例でいえば、ア行の「あ・い・う・え・お」のウ段とエ段の「う・え」だけで、つまり、中心から下へ二段分で活用するので、「下二段」活用といいます。

もうひとヤマ ア行の動詞は「得・心得」のみ！

すべての動詞の中で、ア行で活用する動詞は、下二段の「得」と、その複合動詞「心得」しかありません。

	出づ	寝	経	比ぶ	求む	越ゆ	流る	植う
	出	○	○	比	求	越	流	植
	で	ね	へ	べ	め	え	れ	ゑ
	で	ね	へ	べ	め	え	れ	ゑ
	づ	ぬ	ふ	ぶ	む	ゆ	る	う
	づる	ぬる	ふる	ぶる	むる	ゆる	るる	うる
	づれ	ぬれ	ふれ	ぶれ	むれ	ゆれ	るれ	うれ
	でよ	ねよ	へよ	べよ	めよ	えよ	れよ	ゑよ

※すべての行に例語がある。

なお、「得」は一音ですから当然ですが、語幹と語尾の区別がありません。ナ行下二段の「寝」、ハ行下二段の「経」もそうです。

もうひとヤマ　ザ行下二段は「混ず」のみ！

ザ行で活用する動詞もたいへん少なく、下二段活用の「混（交）ず」以外では、サ変動詞に「論ず・念ず・御覧ず」などの例がいくらかあるだけです。「出づ・念ず」などのようでも、あとはすべて「ダ」行ですから発音上は「出ず」のようでも、あとはすべて「ダ」行ですから注意しましょう。

もうひとヤマ　「植う・飢う・据う」はワ行！

言い切りが「う」なのでア行に見えますが、「植う・飢う・据う」はワ行下二段です。

ワ行の動詞も非常に数が少なく、この下二段の三語以外は、上一段活用の「居る・率る・用ゐる・率ゐる」など数語しかありません。

⑧ カ行変格活用（カ変）

基本形	語幹	未然	連用	終止	連体	已然	命令
		o	i	u	u a	u e	o (yo)
来	○	こ	き	く	くる	くれ	こよ
出で来	出で	こ	き	く	くる	くれ	こよ

※基本語は「来」一語のみ。

⑨ サ行変格活用（サ変）

基本形	語幹	未然	連用	終止	連体	已然	命令
		e	i	u	u a	u e	e
す	○	せ	し	す	する	すれ	せよ
おはす	おは	せ	し	す	する	すれ	せよ
死す	死	せ	し	す	する	すれ	せよ
論ず	論	ぜ	じ	ず	ずる	ずれ	ぜよ

※基本語は「す・おはす」の二語のみ。

ヤマを講義 ⑧ カ変は「来」一語だけ！

カ行変格活用は、基本語は「来」一語ですが、**出で来・まうで来・帰り来・満ち来**など、いくつかの複合動詞があります。

未然形・命令形にオ段の「こ」を用いる点が、正格の上二段からはずれて「変格」になっています。

ヤマを講義 ⑨ サ変は複合動詞が多い！

サ行変格活用は、「せ・し・す・する・すれ・せよ」であれば正格の下二段ですが、**連用形がイ段の「し」になる点で「変格」**になっています。

基本語は「**す・おはす**」の二語ですが、

ⓐ 名詞＋す……ものす・心す・罪す・恋す・紅葉す
ⓑ 漢語＋す……奏す・啓す・愛す・死す・対面す
ⓒ 漢語＋ず……信ず・感ず・念ず・案ず・御覧ず
ⓓ その他……全うす・安んず・軽んず

のように、複合動詞が多く、これらはすべてサ変です。
ザ行で活用するものも、ザ変とは言いません。

10 動詞の活用の種類の見分け方

I 覚えておくもの
1 カ変……来
2 サ変……す・おはす
3 ナ変……死ぬ・往ぬ
4 ラ変……あり・居り・侍り・いまそかり
5 下一段……蹴る
6 上一段……着る・似る・煮る・干る・見る・射る・鋳る・沃る・居る・率る

II 「ず」をつけて見分けるもの
7 四段……「ず」をつけると語尾が **ア段音** になる
8 上二段……「ず」をつけると語尾が **イ段音** になる
9 下二段……「ず」をつけると語尾が **エ段音** になる

ヤマを講義 10 六種類の語は先ず覚える！

四段・上二段・下二段は、含まれる語も多いので、打消の助動詞「ず」をつけて、未然形の語尾がア段・イ段・エ段のどれになるかで判断するのですが、その他の六種類にもそれをあてはめると、

「死ぬ」はナ変なのに「死な**ず**」→ア段→四段？
「あり」はラ変なのに「あら**ず**」→ア段→四段？
「す」はサ変なのに「せ**ず**」→エ段→下二段？

のように混乱します。

そのため、含まれる語が少ないこともありますから、これらの**六種類二十語については、まず覚えてしまうこと**にします。

3 形容詞・形容動詞の活用

1 形容詞 ク活用

基本形	語幹	未然	連用	終止	連体	已然	命令
なし	な	(く)から	く かり	し	き かる	けれ	かれ

2 形容詞 シク活用

基本形	語幹	未然	連用	終止	連体	已然	命令
美し	美	(しく)しから	しく しかり	し	しき しかる	しけれ	しかれ

※形容詞は「し」の部分のみ活用する。
※形容詞の活用は二系列になっていて、表の右側の「(く)・く・し・き・けれ」の形が本来のものである。左側の形は補助活用で、これを「カリ活用」と呼ぶ

ヤマを講義 ① ②

ク活用・シク活用の見分け方

形容詞は、ク活用とシク活用の二種類ですが、これは「なる」か「て」をつけて、連用形の語尾が「く」になるか「しく」になるかで判断します。

な(く)+なる→ク活用
美(しく)+なる→シク活用

もうひとヤマ

カリ活用は助動詞接続用！

形容詞の活用は、右側の「(く)・く・し・き・けれ」が本来のものです。しかし、この形は連体形に断定の「なり」がつく以外助動詞がつかず、用言の機能である、文の述語になるときに不便なため、ラ変動詞の「あり」を接着剤として、助動詞に接続させるために左側の「から・かり…」の形ができました。

なく+あら+ず→なからず
なく+あり+けり→なかりけり

③ 形容動詞　ナリ活用

基本形	語幹	未然	連用	終止	連体	已然	命令
静かなり	静か	なら	なり／に	なり	なる	なれ	なれ

④ 形容動詞　タリ活用

基本形	語幹	未然	連用	終止	連体	已然	命令
堂々たり	堂々	たら	たり／と	たり	たる	たれ	たれ

※形容動詞は「なり・たり」の部分のみ活用する。
※形容動詞は、本来は連用形の「に・と」の形のみで、補助活用ができて用言となったものである。

ともある。
※カリ活用には終止形・已然形がないが、まれに「多かり・多かれ」のような例がある。

もうひとヤマ　仮定は連用形＋係助詞「は」！

一般に、仮定を表す場合は、未然形＋接続助詞「ば」ですが、形容詞にはもともと未然形の「く」「しく」はなく、連用形＋係助詞「は」で仮定を表しました。
　山高くは（山が高いならば）

ヤマを講義　連用形の「…に」がもとの形！

形容動詞はもともと「静かに」のような連用形の形だけだったものに、やはり、ラ変動詞の「あり」が接着剤となって「なら・なり…」の形ができました。
　静かに＋あら＋ず→静かならず

ヤマを講義　タリ活用は漢語＋たり！

タリ活用の形容動詞の語幹は漢語で、用例も少なく、質問の対象になることはほとんどありません。
○々たり……堂々(どうどう)たり
○然たり……悠然(ゆうぜん)たり
○△たり……荒涼(こうりょう)たり
○たり……寂(じゃく)たり

演習ドリル

1 次の文章中の傍線部❶〜❽の用言の、言い切りの形(終止形)を、例にならって答えよ。

今は昔、絵仏師良秀といふ〈者〉ありけり。家の隣より火出で来て、風おしおほひて(吹きまくって)、逃げ出でて、大路へ❶出でにけり。人の画かする仏も❷おはしけり。また衣(着物を)❸着ぬ妻子なども、さながら(そのまま)内(家の中)にありけり。それも❹知らず(かまわず)、ただ逃げ出でたるを事にして(よいことにして)、向かひのつらに立てり。❺見れば、〈火が〉すでに我が家に移りて、煙、炎くゆりける(くすぶりだす)まで、大方向かひのつらに立ちて❻眺めければ、❼あさましき(あきれた)事とて、人ども来とぶらひけれど(見舞いに来たが)、騒がず。

[宇治拾遺物語]

例	責む
❸	❶
❹	❷
❺	

ヤマの解説 1

◆ **動詞以外は先に片づける！**

❽「あさまし」は動詞ではなく**形容詞**です。下に「事」があるから連体形で、「あさましき」になっているということはシク活用。**答** あさまし

◆ **動詞はウ段で言い切る！**

❶「出で」の「で」はダ行。ダ行のウ段音は「づ」。**答** 出づ

❷「おはし」は、覚えておかなくてはならない**サ変動詞**です。**答** おはす

❸「着」はカ行ですが、言い切りは「く」ではなく、覚えておかなくてはならない**上一段動詞**「着る」。**答** 着る

❹「知ら」は、下に「ず」がついている形がア段なので、四段活用です。ラ行のウ段音は「る」。**答** 知る

❺「し」は、下に「て」があるから連用形です。もちろん一音の「し」ですから、サ行で、ウ段音は「す」。**サ変動詞**です。**答** す

❻「見れ」も、❸の「着る」と同じく、覚えておかなくてはいけない**上一段動詞**です。**答** 見る

2 次の文章中の〔　〕の中に基本形で入れてある、❶〜❽の用言を、例にならって、適当な形に活用させて答えよ。

みの虫いとあはれなり。鬼の〔例 生む〕たりければ、親に❶〔似る〕て、これも❷〔恐ろし〕心❸〔あり〕とて、親のあやしき衣（粗末な着物を）ひき着せて、「いま秋風吹かむ折ぞ来むと❹〔す〕（いまに秋風が吹いたら迎えに来るからね）、待てよ」と言ひおきて、❺〔逃ぐ〕て❻〔往ぬ〕けるも〔行ってしまったのも〕❼〔知る〕ず、風の音を聞き知りて、八月ばかりになれば、「ちちよ、ちちよ」と❽〔はかなげなり〕鳴く、いみじう（とても）あはれなり。

〔枕草子〕

例 生み	❶	❷
❸	❹	❺
❻	❼	❽

◆下の語との接続がポイント

2

❶「似る」はナ行上一段活用。下に「て」がくるのは連用形です。　**答** 似

❷「恐ろし」は形容詞。「恐ろしくなる」なのでシク活用。下に「心」があるから連体形が必要です。　**答** 恐ろしき

❸「あり」はラ変。下の推量の助動詞「む」は未然形に接続します。　**答** あら

❹「す」はサ変。上にある係助詞「ぞ」との係り結びで、連体形にします。

❺「逃ぐ」は、「逃げず」でガ行下二段活用。下に「て」があるので連用形にします。　**答** 逃げ

❻「往ぬ」はナ変。下の過去の助動詞「けり」は連用形に接続します。　**答** 往に

❼「知る」は、「知らず」ですから四段活用。下に打消の助動詞「ず」がありますから未然形に。　**答** 知ら

❽「はかなげなり」はナリ活用の形容動詞。下に用言である動詞「鳴く」がありますから連用形にします。　**答** はかなげに

❼「眺め」の「め」はマ行。マ行のウ段音は「む」。下二段動詞の連用形です。　**答** 眺む

3 次の文章中の傍線部①〜⑳の用言の、活用の種類と、文章中の活用形を、例にならって答えよ。

昔、元正天皇の御時、美濃国〈現在の岐阜県〉に、貧しく①いやしき(身分の低い)男、ありけり。②老いたる父を持ちたりけるを、この男、山の草木を取りて、その値を④得て、父を養ひけり。この父、⑤あながちに(たいへんに)酒を⑥愛しけり(好んだ)。これによりて(そのために)、この男、なりひさご(ひょうたん)といふものを腰につけて、酒を、市の家にのぞみて(町の商家に行って頼み)、常にこれを請ひて⑧父を養ふ。

ある時、山に⑨入りて、⑩薪を取らんと⑪するに、⑪苔深き石にすべりて、うつぶしに⑫まろびたりけるに⑬(ころんでしまったので)、酒の香⑭あやしくて(ふしぎに思って)、⑮(思いがけず)あたりを見るに、石(岩)の中より水流れ出づることあり。その色、酒に⑯似たりければ、汲みてなむる(なめてみると)、⑰めでたき(すばらしい)酒なり。⑱うれしく思はずに、その後、日々にこれを汲みて、飽くまで(十分に)父を養ふ。

時に、御門(天皇が)このことを⑲聞こしめして(お聞きになって)、その所へ⑳行幸ありて(お出ましになって)御覧じ

3

① 「いやしき」は、下に名詞「男」があるから連体形。「いやしき」ですからシク活用の形容詞です。**答** シク・連体

② 「あり」は、ラ変。**答** ラ変・連用

③ 「老い」は、三つのヤ行上二段の一つ。下に完了・存続の助動詞「たり」がつくのは連用形。**答** ヤ・上二段・連用

④ 「得」は、唯一のア行の動詞。下二段です。下に接続助詞「て」がつくのは連用形。**答** ア・下二段・連用

⑤ 「あながちに」は、言い切りは「あながちなり」で、ナリ活用の形容動詞。「…に」は連用形。**答** ナリ・連用

⑥ 「愛し」は、複合サ変動詞。下に過去の助動詞「けり」がつくのは連用形。**答** サ変・連用

⑦ 「つけ」は、「つけず」となるから下二段。下に「て」があるから連用形。**答** カ・下二段・連用

⑧ 「養ふ」は、「。」で文が終わっているから終止形。「養は・ず」なので四段活用。**答** ハ・四段・終止

⑨ 「入り」は、「入らず」で四段活用。下に「て」があるから連用形。**答** ラ・四段・連用

⑩ 「取ら」は、「取らず」で四段活用。**答** ラ・四段・未然

⑪ 「する」は、「せ・し・す・する・すれ・せよ」の「する」。「ん」がつくのは未然形。

けり。これすなはち、至孝(たいへんな親孝行)のゆゑに、天神・地祇(天地の神々が)あはれみて、その徳(神仏の加護)をあらはすと感ぜさせたまひて(感動なさって)、後に〈この男を〉美濃守にされにけり。その酒、出でけるをば、養老の滝といふとぞ。
〔十訓抄(じっきんしょう)〕

例 タ・四段・連用	❸	❻	❾	⓬	⓯	⓲
❶	❹	❼	❿	⓭	⓰	⓳
❷	❺	❽	⓫	⓮	⓱	⓴

⓬「深き」は、言い切りは「深し」。「深くなる」ですからク活用の形容詞です。**下に名詞**「石」があるから連体形。 [答]ク・連体

⓭「し」は、「せ・し・する・すれ・せよ」の「し」です。 [答]サ変・連体

⓮「あやしく」は、「…しく」ですからシク活用の形容詞。 [答]シク・連用

⓯「見る」は、マ行上一段動詞。**下に接続助詞**「に」がある連体形の形。 [答]マ・上一段・連体

⓰「似」は、言い切りは「似る」で、ナ行上一段。**下に完了・存続の助動詞**「たり」がつくのは連用形。 [答]ナ・上一段・連用

⓱「うれしく」は、「…しく」だからシク活用の形容詞。**下に用言**「おぼえ」があるので連用形。 [答]シク・連用

⓲「おぼえ」はヤ行で、下二段動詞「おぼゆ」。**下に「て」**がつくのは連用形。 [答]ヤ・下二段・連用

⓳「感ぜ」は、漢語+「ず」のサ変動詞。「ぜ・じ・ず・る・ずれ・ぜよ」。 [答]サ変・未然

⓴「出で」は、言い切りは「出づ」で下二段。**下に過去の助動詞**「けり」がつくのは連用形。 [答]ダ・下二段・連用

39

読みのヤマ単 1 衣服のベスト20

袙 読 あこめ。意 男子は下襲の下に、女子は汗衫と単衣の間に着た。

衣冠 読 いかん(いくわん)。意 束帯の略装。

市女笠 読 いちめがさ。意 女性が外出時に用いた菅笠。

桂 読 うちき。意 「内着」の意で、表着と単衣の間に着た。

烏帽子 読 えぼし。意 男子のかぶり物。立烏帽子・折烏帽子・侍烏帽子などがある。

汗衫 読 かざみ。意 汗取りの単の短衣。童女の上着。

帷子 読 かたびら。意 夏に着る、裏地をつけない衣服。

唐衣 読 からぎぬ。意 貴族の女性の正装の際、一番上に着る、綾などで仕立てた衣。

狩衣 読 かりぎぬ。意 男性貴族の平常服。もとは鷹狩りの折の衣服。

沓 読 くつ。意 布・皮革・木などで作ったはき物。

指貫 読 さしぬき。意 衣冠・直衣・狩衣などを着る時に用いた袴の一種。裾にひもを指し貫いて足首でくくる。

下襲 読 したがさね。意 束帯の時に着た、後ろの裾を長くひく衣服。

笏 読 しゃく。意 束帯の時、右手に持つ長さ約三六センチの薄い板。象牙や桜の木などで作る。

装束 読 しょうぞく(さうぞく)。意 衣服。衣装。「装束く」で動詞としても用いる。

水干 読 すいかん。意 庶民の平服。短い小袴をはく。

束帯 読 そくたい。意 男性貴族の正装。朝廷の儀式や、参内の時に着用する。

直衣 読 のうし(なほし)。意 上流男性貴族の平常服。

直垂 読 ひたたれ。意 鎌倉時代以降の武家の平常服。

単 読 ひとえ(ひとへ)。意 裏地のない一枚仕立ての衣。

裳 読 も。意 貴族の女性の正装の際、腰から下の後方につける長い飾り。

40

PART 4

助動詞のヤマのヤマ

助動詞の接続と意味の判断は文法問題最大のヤマ！

助動詞は古文の読解力の最大の武器！
文法問題の最頻出ポイントでもある！
でも、たった28のことだ！
意味も活用も大事だが、
未然形につくもの、連用形につくもの…
必ず接続のグループで覚えよう！

4 過去の助動詞「き」「けり」

基本形	未然	連用	終止	連体	已然	命令
き	(せ)	○	き	し	しか	○
けり	(けら)	○	けり	ける	けれ	○

接続 連用形に接続する。

※「き」は、カ変・サ変には次のように接続する。

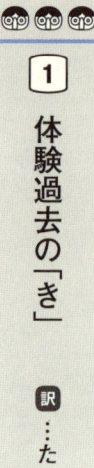

こ（カ変・未然）〈し　　き（カ変・連用）〈し
　　　　　　　　　しか　　　　　　　　　しか
せ（サ変・未然）〈し　　し（サ変・連用）―き
　　　　　　　　　しか

① 体験過去の「き」　訳 …た

例 京より下りし時に、みな人子どもなかりき。[土佐日記]
訳 京から土佐に下った時には、誰も皆まだ子供がいなかった。

例 世の中に絶えて桜のなかりせば春の心はのどけからまし[古今集]
訳 世の中にまったく桜というものがなかったならば、人々の春の心はもっとのどかであろうに…。

ヤマを講義 ①

「き」は体験した過去の回想！

「き」は、自分自身が直接体験した、あるいは、自分自身が直接見聞した過去の事実を回想する場合に使います。上の『土佐日記』の**例**では、筆者の紀貫之自身が、かつて京から土佐に下った時、供の者たちにもまだ誰も子供がいなかったということを回想しています。

もうひとヤマ

「せ」は反実仮想の型でのみ！

「き」の未然形の「せ」は、上の『古今集』の**例**のように反実仮想（78ページ）の「…せば…まし」の型でだけ用います。

② 伝聞過去の「けり」

訳 …たそうだ
　　…たということだ

例 今は昔、竹取の翁といふ者ありけり。
　　　　　　　　　　　　　　　　　　　　[竹取物語]

訳 今ではもう昔のことだが、竹取の翁という者がいたそうだ。

③ 詠嘆の「けり」

訳 …だなあ
　　…なことよ

例 見渡せば　花も紅葉も　なかりけり　浦の苫屋の　秋の夕暮れ
　　　　　　　　　　　　　　　　　　　　[新古今集]

訳 見渡してみると春の桜も秋の紅葉も何もないことよ。海辺の苫屋のあたりの秋の夕暮れは。

例 「さては、(この犬は)翁丸にこそはありけれ」
　　　　　　　　　　　　　　　　　　　　[枕草子]

訳 「さては、翁丸だったのだなあ」

例 今宵は十五夜なりけりと思し出でて、
　　　　　　　　　　　　　　　　　　　　[源氏物語]

訳 (源氏は)今夜は十五夜だったのだなあとお思い出しになって、

ヤマを講義 ②

「けり」は伝聞したことの回想！

「けり」は、自分の体験ではなく、伝え聞いたことの回想です。上の『竹取物語』の 例 でも、そもそも作り話ですからあたりまえですが、筆者は、竹取の翁を直接知っているわけではなく、聞いた話として語っています。

「けり」の未然形の「けら」は、主に上代(奈良時代)に用いられた形で、中古(平安時代)以降はあまり用いられません。

ヤマを講義 ③

詠嘆の判断のポイント3！

「けり」は、詠嘆で用いられた場合によく質問されます。
判断のポイントは、次の三点！

① 和歌の中
　　上の『新古今集』の 例
② 会話文の中
　　上の『枕草子』の 例
③ 「…なりけり」の形
　　上の『源氏物語』の 例

演習ドリル

1 次の各文の空欄 1 〜 6 に、助動詞「き」を適当な形に活用させて入れよ。

❶ にはかに都遷り侍り 1 。いと思ひのほかなり 2 。（思いがけなかったこと）なり。　［方丈記］

❷ 《翁丸＝犬の名》許されて、もとのやうに〈自由の身に〉なりに 3 。なほあはれがられ（不憫がられ）て、ふるひ泣き出でたり 4 こそ、世に知らず（実に）をかしく（面白く）あはれなり 5 。　［枕草子］

❸ いつはり（嘘）の なき世なり 6 ば いかばかり（どんなにか）人の言の葉 うれしからまし（うれしいことであろうに）　［古今集］

4	1
5	2
6	3

ヤマの解説

◆ 下との接続と係り結びに注意！

1 1は、ふつうに文を言い切っていますから終止形。
2は、下に体言（名詞）「こと」がありますから連体形。
3は、これもふつうに文を言い切っていますから終止形。
4は、下は係助詞「こそ」ですが、「ことこそ」のように、体言の省略があると見ることができますから、連体形が必要です。
5は、係助詞「こそ」の結びが必要なので、已然形。
6は、「…せば…まし」の反実仮想の公式です。未然形の「せ」はこの型でのみ使われます。

答　1＝き　2＝し
3＝き　4＝し
5＝しか　6＝せ

2 「けり」は詠嘆の判断がよく出る！

「けり」は、答が「過去」ならあたりまえですから、「詠嘆」であることがわかるかどうかがよく問われます。

ⓐ・ⓖは、**伝聞過去**です。

ⓔのように、**和歌の中**で用いられていれば、ほぼ百パーセント詠嘆です。

ⓒ・ⓕのように、**会話文の中**にある場合も、**詠嘆**のケースが多いと考えて可。話者が会話文中で体験した過去のことを述べるなら、「き」を用いるはずだからです。

ⓒは、会話文中でもありますが、「…**なりけり**」の形になっていることからも、**詠嘆**と見ることができます。

ⓑは「宮様であったそうだ」と、**伝聞過去**ととるほうがよいと思われます。ただし、ⓑも、「なんと宮様であったよ」のように、**詠嘆**にとれなくもありません。

ⓓは、「**なまめかしけれ**」で、形容詞「なまめかし」の已然形であって、これは助動詞ではありません。

2

次の各文の傍線部ⓐ〜ⓖが、助動詞「けり」であれば、過去の場合はA、詠嘆の場合はBで答えよ。また、助動詞でない場合はCの記号で答えよ。

❶ 昔、男あり**ⓐけり**。身はいやしながら（身分は低かったが）、母なむ宮（皇女）なり**ⓑける**。
　　［伊勢物語］

❷ 「あさましう（あきれたことに）、犬なども、かかる心あるものなり**ⓒけり**」
　　［枕草子］

❸ 七夕まつるこそ、なまめかし**ⓓけれ**（優雅で趣深い）。
　　［徒然草］

❹ 石ばしる　垂水（滝）の上の　早蕨の　萌え出づる春になりに**ⓔけるかも**
　　［万葉集］

❺ 「〈石清水八幡宮は〉聞きしにも過ぎて（聞いていた以上に）尊くこそおはし**ⓕけれ**。…」とぞ言ひ**ⓖける**。
　　［徒然草］

ⓔ	ⓐ
ⓕ	ⓑ
ⓖ	ⓒ
	ⓓ

答
ⓐ＝A
ⓑ＝A
ⓒ＝B
ⓓ＝C
ⓔ＝B
ⓕ＝B
ⓖ＝A

5 完了の助動詞「つ」「ぬ」

基本形	未然	連用	終止	連体	已然	命令
つ	て	て	つ	つる	つれ	てよ
ぬ	な	に	ぬ	ぬる	ぬれ	ね

接続 連用形に接続する。

① 完了

訳 …た
　…てしまった
　…てしまう

例 そこで一日を暮らしつ。
訳 そこで一日を過ごした。
[更級日記]

例 はや舟に乗れ。日も暮れぬ。
訳 早く舟に乗れ。日も暮れてしまう。
[伊勢物語]

例 烏帽子をも落としてけり。
訳 烏帽子も落としてしまった。
[今昔物語集]

例 一夜のうちに塵灰となりにき。
訳 一晩のうちに灰になってしまった。
[方丈記]

ヤマを講義 ①

「つ」は動作的、「ぬ」は状態的完了！

上の例の傍線部を見ればわかると思いますが、同じ完了の助動詞でも、「つ」と「ぬ」には、使われ方に微妙な違いがあります。もう少し見てみましょう。

　落としつ
　落ちぬ

　流しつ
　流れぬ

　入れつ
　入りぬ

　返しつ
　返りぬ

つまり、

「つ」は、主として他動詞について、**動作的・作為的・意志的・断止的な完了**を表します。

「ぬ」は、主として自動詞について、**状態的・無作為的・自然的・継続的な完了**を表します。

「一日を暮らした」という動作は、一日が終った時点で自分が今日一日の生活を終えたということですが、「日が暮れた」のは自然のなりゆきであって、その暮れて暗くなった状態は続いています。

② 強意（確述）

訳 きっと… 必ず… いまにも…

例 髪もいみじく長くなり**な**む。
訳 髪もきっとたいそう長くなるにちがいない。
［更級日記］

例 潮満ち**ぬ**。風も吹き**ぬ**べし。
訳 潮が満ちた。きっと風も吹くだろう。
［土佐日記］

例 蠅こそにくきもののうちに入れ**つ**べけれ。
訳 蠅こそ憎いもののうちに必ず入れるべきだ。
［枕草子］

例 はや舟出して、この浦を去り**ね**。
訳 早く舟を出して、この浦をすぐに去れ。
［源氏物語］

③ 並列（へいれつ）

訳 …たり、…たり

例 討ち**つ**討たれ**つ**、敵も味方もひまなきこそおもしろけれ。
訳 討っ**たり**討たれ**たり**、敵も味方もひまのないのが面白い。
［源平盛衰記］

---

② ヤマを講義　下に推量があったら強意！

「つ・ぬ」は、下に推量系の助動詞がくると、強意（確述）になります。

| てむ | てむず | つべし | つらむ | つめり | てまし |
| なむ | なむず | ぬべし | ぬらむ | ぬめり | なまし |

もうひとヤマ　命令形も強意のことがある！

上の『源氏物語』の例のように、命令形の「ね」「てよ」も、強意のことがあります。「去ってしまえ」と訳せなくはありませんが、動作の完了を命令しているというよりは、「すぐに去れ」と急がせていると考えるほうがいいでしょう。

③ ヤマを講義　「…つ…つ」「…ぬ…ぬ」は並列！

「…たり…たり」と訳せばよし。質問されることはほとんどありません。

演習ドリル

1

次の各文の空欄 1 〜 6 に、「つ」「ぬ」のどちらかを、適当な形に活用させて入れよ。

❶ 秋田〈は、その女の子を〉なよ竹のかぐや姫とつけ 1 。〔竹取物語〕
❷ 二十日の夜の月出で 2 けり。〔土佐日記〕
❸ くちなは（蛇）をば大井川に流し 3 けり。〔徒然草〕
❹ 暮れ 4 ば（日も暮れたので）参りぬ。〔枕草子〕
❺ 「あやしき（見苦しい）様を人や見 5 らむ」とて、簾おろし 6 。〔源氏物語〕

1	4
2	5
3	6

ヤマの解説

1

◆ 上が自動詞か他動詞か?

百パーセントあてはまるわけではありませんが、ポイントは、上の動詞が、無作為的な自動詞か、作為的な他動詞かの判断です。

1の「つく」（下二段）は、名前を「つける」のですから他動詞です。言い切っていますから終止形。

2の「出づ」（下二段）は、月が「出る」のですから自動詞。下に「けり」ですから、「ぬ」の連用形が必要です。

3の「流す」（四段）は他動詞。自動詞は「流る」（下二段）です。下に「けり」（四段）の連用形。

4の「暮る」（下二段）は、日が「暮れる」のですから自動詞。已然形＋「ば」の形です。

5の「見る」（上一段）は他動詞です。自動詞は「見ゆ」。下に「らむ」がありますから終止形。

6の「おろす」（四段）は、簾を「おろす」のですから他動詞。言い切りですから終止形。

答 1＝つ 2＝に 3＝て
4＝ぬれ 5＝つ 6＝つ

2 強意の判断がポイント！

2 次の各文の傍線部ⓐ～ⓗが、完了であればA、強意であればB、並列であればCの記号で答えよ。また、❶・❷を口語訳せよ。

❶ 黒き雲にはかに（急に）出で来ⓐ**ぬ**。風吹きⓑ**ぬべし**。御船返しⓒ**てむ**。
〔土佐日記〕

❷ 〈つるしておいたひょうたんは〉今はよくなりⓓ**ぬらむ**と て見れば、よくなりⓔ**にけり**。
〔宇治拾遺物語〕

❸ かなしからん（いとおしく思う）親のため、妻子のためには、恥をも忘れ、盗みもしⓕ**つべきことなり**（しかねないことである）。
〔徒然草〕

❹ 〈扇は〉白波の上にただよひ、浮きⓖ**ぬ**沈みⓗ**ぬ**揺られければ、
〔平家物語〕

ⓐ	ⓔ
ⓑ	ⓕ
ⓒ	ⓖ
ⓓ	ⓗ

◆ **2** 強意の判断がポイント！

ⓐは「出て来た」でよさそうですから、**完了**。
ⓑは「ぬべし」、ⓒは「てむ」と、いずれも下に推量系の助動詞があるので、**強意**です。

❶の訳は、「黒い雲が急に出て来た。きっと風も吹いてくるだろう。お船を引き返そう」。

ⓓは「ぬらむ」ですから、**強意**。
ⓔの「にけり」のように、下に過去の「き」「けり」があるの「に」「て」は、**完了**です。

❷の訳は、「今はもうよくなっているだろうと思って見てみると、よくなっていた」。

ⓕは、「つべき」ですから、**強意**。
ⓖ・ⓗは、「…ぬ…ぬ」の形ですから、**並列**で、「浮いたり沈んだり」と訳します。

【答】
ⓐ＝A
ⓑ＝B
ⓒ＝B
ⓓ＝B
ⓔ＝A
ⓕ＝B
ⓖ＝C
ⓗ＝C

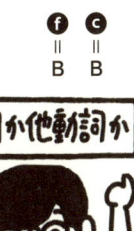

6 存続の助動詞「たり」「り」

基本形	たり	り
未然	たら	ら
連用	たり	り
終止	たり	り
連体	たる	る
已然	たれ	れ
命令	たれ	れ

接続
たり…連用形に接続する。
り……サ変の未然形・四段の已然形に接続する。

1 存続

訳 …ている／…てある

例 寄りて見るに、筒の中光り**たり**。
訳 近寄って見ると、(竹の)筒の中が光っ**ている**。〔竹取物語〕

例 うつくしきもの、瓜にかき**たる**ちごの顔。
訳 かわいらしいもの、(それは)瓜にかい**てある**小さな子どもの顔。〔枕草子〕

例 富士の山を見れば、五月のつごもりに、雪いと白う降れ**り**。
訳 富士の山を見ると、五月の末だというのに、雪がたいそう白く降っ**ている**。〔伊勢物語〕

1 ヤマを講義

「…てあり」からできた「たり」！

「たり」は、「光りてあり」「かきてある」のように、もともと、完了の助動詞「つ」の連用形の「て」、または接続助詞「て」に、ラ変の補助動詞「あり」がついた、「てあり」から生じたものと考えられています。
ですから、「…ている」「…てある」と訳す「**存続**」のほうが本来の使われ方です。

もうひとヤマ

サ未四已接続の「り」！

「り」は接続のしかたがポイントです。「り」は、**サ変動詞の未然形**と、**四段動詞の已然形**に接続します。これは、とても特殊で、他の、未然形接続や連用形接続のようなグループに入らず、一つだけポツンとはな

う白く降りつもり**て**いる。

例 おのれを知るを、物知れ**る**人といふべし。[徒然草]

訳 自分をわかっている人を、物がよくわかっ**ている**人ということができる。

② 完了

訳 …た
　　…てしまった
　　…てしまう

例 燕（つばくらめ）の巣くひ**たら**ば、告げよ。 [竹取物語]

訳 つばめが巣を作っ**た**ならば、知らせよ。

例 ある人、あざらかなるもの持て来**たり**。 [土佐日記]

訳 ある人が、新鮮な魚を持って来**た**。

例 車持（くらもち）の皇子は、優曇華（うどんげ）の花持ちてのぼり給**へり**。 [竹取物語]

訳 車持の皇子は、優曇華の花を持って都へお上りになっ**た**。

例 人をやりて見するに、おほかた逢**へ**る者なし。 [徒然草]

訳 人を行かせて見させるが、まったく（噂の鬼に）出会ったという者はいない。

れていますから、「**サ未四已**（さみしい）」接続と覚えましょう。

「り」は、「書き（四段）あり」「し（サ変）あり」のようになった後、この「り」が独立してできたものと見られています。そうなると、「書け」は四段の已然、「せ」はサ変の未然と同じですから、「サ未四已」接続なわけです。

意味も、もとが「あり」ですから、やはり**存続**が本来のものです。

ヤマを講義　② 完了か存続かは文脈で判断！

「たり・り」は完了に訳すこともあるのですが、完了か存続かは、文脈で判断するしかありません。

訳してみて、「…ている。…てある」のほうがよければ**存続**、「…た。…てしまった」のほうがよければ**完了**です。

演習ドリル

1 次の各文の空欄 1 〜 6 に、「たり」「り」のどちらかを、適当な形に活用させて入れよ。

❶ そこに立て 1 ける梅の花を折りて、詠め 2 〈歌〉。　　　　〔古今集〕

❷ 髪は扇を広げ 3 やうにゆらゆらとして、顔はいと赤くすりなして（こすってまっ赤にして）立て 4 。　〔源氏物語〕

❸ 楫取り（船頭）は、舟唄を歌ひて、何とも思へ 5 ず。　〔土佐日記〕

❹ 汚き所のものきこしめし 6 ば（召しあがったので）、御心地悪しからむものぞ（ご気分が悪いでしょう）。　〔竹取物語〕

1	4
2	5
3	6

ヤマの解説

1 ◆サ変の未然・四段の已然の下は「り」！

「たり」は連用形、「り」は「サ未四已」接続です。1・2・4・5の上の動詞、「立て」、「詠め」、「立て」、「思へ」には、いずれも四段活用の已然形ですから、1・2・4・5には「り」が入ります。

1は、下に「けり」がありますから、連用形。
2は、下に体言（名詞）「歌」が省略されていますから、連体形。
4は、言い切りの形ですから、終止形。
5は、下に打消の「ず」がありますから、未然形。
3は、上が下二段の「広ぐ」の連用形が入ります。下にあるのは、「やう（様）」という比況の助動詞の連用形で、連体形に接続します。「やうなり」という名詞に断定の「なり」がついてできた「やうなり」という比況の助動詞の連用形で、連体形に接続します。
6は、上が四段の「きこしめす」の已然形＋「ば」の形。

答

1＝り　2＝る　3＝たる
4＝り　5＝ら　6＝たれ

2

次の各文の傍線部a〜gが、存続であればA、完了であればBの記号で答えよ。また、❶・❷を口語訳せよ。

❶ 「落人帰り来_aたり」とて、騒ぎ合へ_bり。〔平家物語〕

❷ 〈予め〉用意し_cたる白旗、ざっと差し上げ_dたり。〔平家物語〕

❸ 春は曙、やうやう（だんだんと）白くなりゆく山際少しあかりて（明るくなって）、紫だち_eたる雲の、細くたなびき_fたる〈のは趣が深い〉。〔枕草子〕

❹ 講師（国分寺の住職が）むまのはなむけしに（送別の宴に出席するために）出でませ_gり。〔土佐日記〕

e	a
f	b
g	c
	d

◆ 2 存続か完了かは状況で判断！

❶ の訳は、「『落人が帰って来た』と言って、（人々が）騒ぎ合っている」のでしょう。
「落人が帰って来ている」と言って（人々が）騒ぎ合った」と、a・bをまったく反対にも訳せなくはありませんが、どちらにとるほうが自然かという判断になります。

❷ の訳は、「用意してある（しておいた）白旗を、さっと差し上げた」のでしょう。

c は存続、d は完了ととるのが自然と思われます。

e・f は、いずれも「紫がかっている雲」「たなびいている」のように、その状態が継続していると考えるほうが自然ですから、存続がいいでしょう。

g は、「出ておいでになった」で、完了。送別の宴の席の情景を描いていると考えるのなら、存続ととれなくもありませんが。

答
- ❶ = B
- ❷ = A
- b = A
- c = A
- d = B
- e = A
- f = A
- g = B

7 「る」「らる」の意味の判断

基本形	未然	連用	終止	連体	已然	命令
る	れ	れ	る	るる	るれ	れよ
らる	られ	られ	らる	らるる	らるれ	られよ

接続
る……未然形に接続する。
　　　四段・ナ変・ラ変の未然形に接続する。
らる……右以外の動詞の未然形に接続する。

1 受身

例 ありがたきもの、舅にほめ**らるる**婿、また、姑に思はるる嫁の君。
　　　　　　　　　　　　　　　　　　　　　　　　［枕草子］

訳 めったにないもの。舅にほめ**られる**婿、また、姑にかわいがら**れる**お嫁さん。

訳 …れる／…られる

2 可能

訳 …できる

1 ヤマを講義　わかりやすい受身の判断から！

受身で用いられているケースは、感覚的にもたいへんわかりやすいので、まず受身から片づけましょう。
上の『枕草子』の **例** のように、「…に…・される」の形のことが多いですが、絶対とは言えません。

もうひとつヤマ　モノは受身の主語にならない！

古くは、「戸が閉められ・ている」のように、モノが受身の主語にはならないとされていますが、例外はあります。

2 ヤマを講義　下に打消があると可能が多い！

可能の場合は、上の『更級日記』の **例** のように、下に打

- 例 恐ろしくて、寝も寝られず。
- 訳 恐ろしくて、寝ることもできない。

[更級日記]

③ 自発

訳 …れる
　 …られる
　 …ないではいられない

- 例 今日は都のことばかりが思いやらるる。
- 訳 今日は都のことばかりが思いやられる。

[土佐日記]

- 例 人知れずうち泣かれぬ。
- 訳 人知れず、自然に泣けてしまった。

[更級日記]

④ 尊敬

訳 …れる
　 …られる
　 お…になる
　 …なさる

- 例 かの大納言、いづれの舟にか乗らるべき。
- 訳 あの大納言は、どの舟にお乗りになるだろうか。

[大鏡]

- 例 験あらむ僧たち、祈り試みられよ。
- 訳 霊験あらたかな僧たちよ、祈りを試みなさいませ。

[徒然草]

- 例 「瓶子倒れ候ひぬ」とぞ申されける。
- 訳 「徳利がたおれました」と申し上げなさった。

[平家物語]

---

③ 消去や反語表現を伴うことが多いのですが、中世以降は、肯定の可能性もあります。

ヤマを講義　自発は心情を表す語につく!

「思ふ・思す・思しめす・覚ゆ・思ひやる・思ひ出づ・嘆く・泣く」のような、心情を表す動詞についている場合は、自発が多いと言えます。

④

ヤマを講義　尊敬の主語は身分の高い人物!

当然ですが、尊敬の場合の主語は、上の 例 の 『大鏡』 や 『徒然草』 の 例 のように、身分の高い人物です。

もうひとヤマ　下に「給ふ」は尊敬ではない!

下に「給ふ・おはします」のような尊敬語がある、「れ給ふ」「られ給ふ」の形の場合は、尊敬ではありません。

もうひとヤマ　上に尊敬語・謙譲語は尊敬!

上の『平家物語』の 例 のように「仰す・御覧ず」などの尊敬語や、「申す・奉る」などの謙譲語がある、「仰せらる」「御覧ぜらる」「申さる」「奉らる」などの形の場合は、尊敬です。

演習ドリル

次の各文の傍線部ⓐ～ⓗの意味を、受身はA、可能はB、自発はC、尊敬はDの記号で答えよ。また、❸・❺・❽・❿を口語訳せよ。

❶ 涙のこぼるるに（涙がこぼれるので）、目も見えず、ものも言はⓐれず。　　　　　　　　　　　　　　　　　　　［伊勢物語］

❷ 盗人なりければ、国の守にからめⓑられにけり。　　　　　　　　［伊勢物語］

❸ 心なき　身（情趣を解さないこの身）にもあはれはⓒ知られけり　　　　　　　　　　　　　　　　　　　　　　　［新古今集］

❹ などかう暑きに（どうしてこんなに暑いのに）この格子はおろさⓓれたる。　　　　　　　　　　　　　　　　　　　［源氏物語］

❺ さらにこそ信ぜⓔられね。　　　　　　　　　　　　　　　　［大鏡］

❻ 問ひつめⓕられて、え答へずなり侍りつ。　　　　　　　　　［徒然草］

❼「別れは〈いつであるかを〉知りたりや」となむ仰せⓖらるる。　　　　　　　　　　　　　　　　　　　　　　　　　［枕草子］

◆ ヤマの解説

判断のモノサシを駆使せよ！

❶ ⓐは、下に打消の「ず」があります。涙がこぼれて、ものを「言うことができない」と考えることができますから、**可能**。

❷ ⓑは、「国の守に捕らえられてしまった」のでしょうから、**受身**。

❸ ⓒは、上に「あはれ」を「知る」という心情を表す表現がありますから、**自発**が適当でしょう。
訳 情趣を解さないこの身にもしみじみとした趣は感じられることだ。

❹ ⓓは、一見、格子が「おろされている」と受身のように思われますが、古くは、モノに受身は使わないのでした。ここは**尊敬**で、「お下ろしになっている」です。

❺ ⓔの下の「ね」は、「こそ」の結びで、**打消**の「ず」の已然形ですから、ⓔは**可能**。
訳 まったく信じることができない。

❻ ⓕは、明らかに受身でしょう。

❼ ⓖは、上に尊敬語「仰せ」がありますから、**最高敬語**の形で、**尊敬**。

❽ のⓗは、下に尊敬の「給ふ」がありますから、尊敬で

❽ なきこと（無実の罪）によりかく罪せられ給ふ。 [大鏡] **ⓗ**

❾ 〈月の都からの人々を〉弓矢して射**られじ**。 **ⓘ** [竹取物語]

❿ 御心地（ご気分）はいかが思さ**るる**。 **ⓙ** [竹取物語]

⓫ 梅のにほひにぞ（梅のにおいによって）、古（昔）のこともたちかへり（当時に立ちかえって）恋しう思ひ出で**らるる**。 **ⓚ** [徒然草]

⓬ 家の作りやう（作り方）は夏をむねとすべし（夏を中心に考えるのがよい）。冬はいかなる所にも住ま**る**。 **ⓛ** [徒然草]

ⓐ	ⓔ	ⓘ
ⓑ	ⓕ	ⓙ
ⓒ	ⓖ	ⓚ
ⓓ	ⓗ	ⓛ

【訳】はありません。「罰せられ」たのでしょうから**受身**です。

❾ の**ⓘ**は、**下に打消推量の「じ」**がありますから、**可能**です。「射ることはできないだろう」という意味です。

❿ の**ⓙ**は、**上に尊敬語「思さ」**がありますから、**尊敬**です。ただし、「思す」が上にある場合は、心情語でもありますから、「自発」のこともありますので慎重に。

⓫ の**ⓚ**は、ご気分はいかがでいらっしゃいますか。**心情を表す語**がありますから、**自発**。

⓬ の**ⓛ**は、上に「思ひ出づ」という**心情を表す語**があります。

訳 ⓚは、ご気分はいかがでいらっしゃいますか。

⓬のⓛは、下に打消がありませんが、「冬はどんな所にも住むことができる」で、**可能**になります。

【答】
ⓐ＝B　ⓒ＝C　ⓔ＝B　ⓖ＝D　ⓘ＝B　ⓚ＝C
ⓑ＝A　ⓓ＝D　ⓕ＝A　ⓗ＝A　ⓙ＝D　ⓛ＝B

8 「す」「さす」「しむ」の意味の判断

基本形	未然	連用	終止	連体	已然	命令
す	せ	せ	す	する	すれ	せよ
さす	させ	させ	さす	さする	さすれ	させよ
しむ	しめ	しめ	しむ	しむる	しむれ	しめよ

接続
- す………未然形に接続する。四段・ナ変・ラ変の未然形に接続する。
- さす……右以外の動詞の未然形に接続する。
- しむ……すべての活用語（用言）の未然形に接続する。

① 使役

訳 …せる
  …させる

例 妻の嫗にあづけて養はす。
訳 妻であるおばあさんに預けて育てさせる。
〔竹取物語〕

例 いらへをさせたてまつらむ。
訳 返事をさせ申し上げよう。
〔枕草子〕

例 御随身召して、遣水はらはせ給ふ。
訳 御随身を召して、遣水をはらわせなさる。
〔紫式部日記〕

例 妻の嫗にあづけて養はす。
訳 警護の役人を召し寄せて、遣水を掃除させなさる。

ヤマを講義

① 単独で用いられれば使役！

「す・さす・しむ」は、上の『竹取物語』の例のように、下に「給ふ」のような尊敬語を伴わず、単独で用いられていれば、必ず使役です。
また、使役の場合には、「妻の嫗に」のように、使役の対象が書いてあるか、読みとれることがふつうです。

もうひとヤマ

下に謙譲語の場合は使役！

上の『枕草子』の例のように、下にくるのが「給ふ」のような尊敬語でなく、「たてまつる」のような謙譲語の場合は、使役です。

② 尊敬

訳
お…になる
…なさる
…される

例 主上は、今年八歳にならせ給ふ。
訳 帝は、今年八歳におなりになる。
　　　　　　　　　　　　　　　[平家物語]

例 御年六十二にて失せさせおはしましけり。
訳 （冷泉院は）六十二歳のお年でお亡くなりになった。
　　　　　　　　　　　　　　　[大鏡]

例 やがて、山崎にて出家せしめ給ふ。
訳 （時平公は）そのまま、山崎で出家なさる。
　　　　　　　　　　　　　　　[大鏡]

③ 受身（強がり）

訳
…れる
…られる

例 家来多く討たせ、馬の腹射させて、引き退く。
訳 家来の多くが討たれ、自分も馬の腹を射られて、引きしりぞく。
　　　　　　　　　　　　　　　[平家物語]

ヤマを講義 ② 尊敬の場合は必ず下に尊敬語！

「す・さす・しむ」が尊敬になる場合は、必ず下に尊敬語「給ふ・おはします」などを伴います。

・…せ給ふ（おはします）
・…させ給ふ（おはします）
・…しめ給ふ（おはします）

この形を「最高敬語」といいます。

もうひとヤマ 下に「給ふ」でも使役もある！

使役の『紫式部日記』の 例「御随身召して」のように（主語は藤原道長ですが）、本文中に、「…に…させる」ととれるような使役の対象があるときは、「…せ給ふ」「…させ給ふ」「…しめ給ふ」の形になっていても、使役のこともあります。

ヤマを講義 ③ 受身が問われることはない！

訳し方は上の『平家物語』の 例のように「受身」ですが、これは、「…させてやる」という強がりの表現です。軍記物語などに時々見かけられますが、意味の判断の質問の対象になることはありません。

演習ドリル

1 次の各文の空欄 1 ～ 3 に、「す」「さす」のどちらかを、適当な形に活用させて入れよ。

❶〈女房に〉御格子上げ 1 て、〈私が〉御簾を高く上げたれば、〈中宮様は〉笑は 2 給ふ。　　[枕草子]

❷人をやりつつ求め 3 ど、さらになし(まったくどこにもない)。　　　　　　　　　　　　　　　[大和物語]

1	
2	
3	

2 次の各文の傍線部ⓐ～ⓖの意味を、使役はA、尊敬はBの記号で答えよ。また、❸・❺・❻を口語訳せよ。

❶この子〈かぐや姫〉いと大きになりぬれば(たいそう大きくなったので)、名を、三室戸斎部の秋田を呼びてつけⓐさす。　　　　　　　　　　　　　　[竹取物語]

❷夜うちふくるほどに、題出だして、女房にも歌詠まⓑせ給ふ。　　　　　　　　　　　　　　　　　[枕草子]

❸おほやけ〈帝〉も〈北野神社に〉行幸せⓒしめ給ふ。　　　　　　　　[大鏡]

◆ ヤマの解説

1
「る・らる」もそうですが、「す・さす」は、**四段・ナ変・ラ変の未然**には「す」、その他の未然には「さす」です。四段・ナ変・ラ変の未然形はア段音です。
1は、「上げ」が**下二段**。下の接続助詞「て」に続けるには連用形が必要です。
2は、「笑は」が**四段**。下にも動詞がありますから、用言に続けるために連用形が必要です。
3は、「求め」が**下二段**。下の逆接の接続助詞「ど」は已然形につきます。

答　1＝させ　2＝せ　3＝さすれ

2
◆ 使役の対象がある「せ給ふ」に注意!

❶のⓐは、「三室戸斎部の秋田」という**使役の対象**も明らかで、**単独**ですから**使役**です。

❷のⓑは、下に「給ふ」がありますが、「女房にも」と使

ⓔ	ⓐ
ⓕ	ⓑ
ⓖ	ⓒ
	ⓓ

❹長恨歌の御絵、亭子院（宇多天皇）の描かⓐせ給ひて、伊勢・貫之にⓑ〈その絵に合わせた歌を〉詠まⓒせ給へる。　［源氏物語］

❺〈中宮様が、私に〉絵などとり出でて、見せⓓさせ給ふ。　［枕草子］

❻〈かぐや姫は、歌を詠み〉ⓔ壺の薬〈不死の薬〉添へて、頭中将を呼びて〈帝に〉ⓕ奉らⓖす。　［竹取物語］

答
- ⓐ＝B
- ⓑ＝A
- ⓒ＝B
- ⓓ＝B
- ⓔ＝A
- ⓕ＝B
- ⓖ＝A

❸のⓒは、**主語が「おほやけ（帝）」**ですから、「しめ給ふ」は**最高敬語**で、**尊敬**。
訳　帝もお出ましになる。

❹のⓐは、「亭子院（宇多天皇）」自身がお描きになるのですから、**最高敬語**で**尊敬**。

❹のⓑのほうは、「伊勢・貫之に詠ませる」のですから、**使役の対象**があるので、下に「給ふ」があっても、お「見せ」になるのせいです。

❺のⓓは、一見使役のようですが、**主語は中宮**で、**使役の対象**があるのですから、**使役**です。使役っぽく見えるのは「見せ」のせいです。

❻のⓖは、「献上させる」です。下に「給ふ」もありませんし、**使役の対象「頭中将」**もありますから、**使役**。
訳　壺の薬を添えて、頭中将を呼んで献上させる。

単独なら使役！

9 「む」「むず」の意味の判断

基本形	む	むず
未然	○	○
連用	○	○
終止	(ん)む	むず(んず)
連体	(ん)む／め	むずる(んずる)
已然	め	むずれ(んずれ)
命令	○	○

接続 未然形に接続する。

1 推量
訳 …だろう

例 少納言よ、香炉峰(こうろほう)の雪はいかならむ。
訳 少納言よ、香炉峰の雪はどうであろう。
［枕草子］

2 意志
訳 …よう
　…たい
　…するつもりだ

例 願はくは 花のもとにて 春死なむ
訳 できることなら桜の花の下で春死のう。
［山家集］

ヤマを講義 1 主語が三人称は推量！

主語の判断はなかなか難しいことも多いのですが、だいたい次のように言えますので、目やすにしましょう。

一人称 → 意志
二人称 → 適当・勧誘
三人称 → 推量

上の『枕草子』の例では、「香炉峰の雪」は三人称です。

もうひとヤマ 疑問・反語があると推量が多い！

疑問・反語の係助詞「や・か」や、上の『枕草子』の例の「いかなり」のように、疑問語を伴っている場合は**推量**のことが多いと言えます。

ヤマを講義 2 意志の主語は一人称！

62

例 義仲は討死をせんずるなり。 [平家物語]
訳 義仲は討ち死にをしようと思うのである。

③ 適当・勧誘
訳 …するのがよい
　　…したらどうか
　　…しませんか

例 「人目をさけて参内なさいませんか。」 [源氏物語]
訳 「人目をさけて参内なさいませんか。」

例 「忍びては参り給ひなむや。」
訳 「花を見てお帰りになるがよい。」[宇津保物語]

例 「花を見てこそ帰らめ。」

④ 仮定・婉曲
訳 …たら
　　…ても
　　…ような

例 思はむ子を、法師になしたらむこそ心苦しけれ。 [枕草子]
訳 いとしく思うような子を、法師にしたとしたら、それは気の毒なことだ。

---

③ **ヤマを講義　会話中の「こそ…め」は適当・勧誘!**

上の『山家集』の 例 の「死なむ」の主語は、歌の作者西行自身、『平家物語』の 例 の「討死をせんずる」の主語は、話者の義仲自身、つまり、主語は一人称です。

「むず」は、「む」＋「(せ) むとす」という表現からできた語です。「む」をやや強めただけで、意味は「む」と同じです。

もうひとヤマ　「てむ・なむ」も適当・勧誘が多い!

上の『宇津保物語』の 例 のように、会話文中の「こそ…め」「こそ…むずれ」は、会話の相手(二人称)に対する、適当・勧誘です。

「…なむ(や)」「…てむ(や)」の形になっている場合も、適当・勧誘のことがあります。

④ **ヤマを講義　連体形の「む」は仮定・婉曲!**

仮定・婉曲 (表現をやわらげる)になるのは連体形の場合のみですが、

　下に名詞があれば──→ 婉曲
　下に助詞があれば──→ 仮定、あるいは婉曲

演習ドリル

次の各文の傍線部ⓐ～ⓕの意味を、推量はA、意志はB、適当・勧誘はC、仮定はD、婉曲はEの記号で答えよ。また、❷・❸・❹・❻を口語訳せよ。

❶ この獅子(神社の狛犬)の立ちやういとめづらし。深き故(理由)あらⓐむ。　　　　［徒然草］

❷ 男は、この女をこそ得ⓑめと思ふ。　　　　［伊勢物語］

❸ かのもとの国(月の都)より、迎へに人々まうで来ⓒむず。　　　　［竹取物語］

❹ 年五十になるまで上手(名人)に至らざらⓓむ芸をば捨つべきなり。　　　　［徒然草］

❺ 「ししこらかしつる(病気をこじらせた)時はうたて侍るを(やっかいですから)、とくこそ(早く祈禱を)試みさせⓔ給はめ。」

❻ ⓕ「一」の中にありますが、「第一の人に、また一に思はれむ」は、さらに「『　』にできるところで、「れ

◆ ヤマの解説 　判断のモノサシを駆使せよ！

❶ のⓐは、主語が三人称の「故」。「深い理由があるのだろう」と訳せるので、推量。

❷ のⓑは、「こそ…め」の形になっていますが、「この女をこそ得め」は、「男」の心中思惟(心の中の言葉)で、主語は男自身ですから、意志です。

訳 男は、この女を手に入れようと思う。

❸ のⓒは、主語が三人称の「(月の都の)人々」です。推量でいいでしょう。

訳 あのもとの国から、私を迎えに人々がやってまいるだろう。

❹ のⓓは、下に体言(名詞)の「芸」があります。下に体言があるのは、婉曲です。

訳 五十歳になるまで名人の域に達しないような芸事はやめるべきである。

❺ のⓔは、「こそ…め」の形で、会話文の中にあります。「早く試みさせなさるのがよいでしょう」になりますから、適当・勧誘です。「させ」は使役です。

❻ のⓕは、「　」の中にありますが、「第一の人に、また一に思はれむ」は、さらに『　』にできるところで、「れ

a	e	i
b	f	j
c	g	k
d	h	l

⑥「第一の人（＝一番優れた人）に、また一に思はれ **むと**こ
そ思は **め**。」
[源氏物語]

⑦〈仏事の折〉馬など迎へにおこせたら〈迎えによこした
ら〉**ん**に、桃尻にて〈尻がすわらなくて〉落ちな **ん**は、心
憂かるべし〈面白くないだろう〉。
[枕草子]

⑧わづかに二つの矢、〈しかも〉師の前にて、一つをおろ
かに〈いいかげんに〉せ **む**と思は **む**や。
[徒然草]

⑨「敵すでに寄せ来たるに、方々の手分け〈各方面の手配〉
をこそせられ **んずれ**。」
[保元物語]

訳「一番優れた人に、また一番に思われようと思うのがよ
い。」

⑥の **g** は、**会話文中の「こそ…め」**で、**適当・勧誘**。

⑦の **h** の「ん」は連体形で、下に「時」の省略があり、「迎
えによこしたような時に」と、**仮定**です。

⑦の **i** の「ん」も連体形ですが、こちらは、「落ちたりし
たら」と、**婉曲**になります。

⑧の **j** は、「いいかげんにしよう」で、**意志**です。

⑧の **k** は、「いいかげんにしようと思うだろうか」で、
これは **推量** です。

⑨の **l** は、**会話文中の「こそ…んずれ」**で、「こそ…め」
と同様、**適当・勧誘** です。

答

a＝A b＝B
c＝C d＝E
e＝C f＝E
g＝C h＝B
i＝D j＝B
k＝A l＝C

給はめ。」 [e]

は受身です。つまり『　』の中の「思はれむ」の主語は「自
分は」ということで、**一人称**です。よって、**f** は意志。

⑥の **g** は、会話文中の「こそ…め」で、適当・勧誘。

10 現在推量の「らむ」・過去推量の「けむ」

基本形	未然	連用	終止	連体	已然	命令
らむ	○	○	らむ(らん)	らむ(らん)	らめ	○
けむ	○	○	けむ(けん)	けむ(けん)	けめ	○

接続
らむ……終止形(ラ変型活用語には連体形)に接続する。
けむ……連用形に接続する。

1 現在推量の「らむ」
訳 今ごろは…ているだろう

例 子泣くらむ
訳 今ごろ家で子供が泣いているだろう。
[万葉集]

2 過去推量の「けむ」
訳 …ただろう

例 かかる目見むとは思はざりけむ。
訳 このような目にあおうとは思わなかっただろう。
[枕草子]

ヤマを講義 1 「らむ」は視界外の現在推量！

「らむ」は、視界外、つまり、目の前に見えていないことについての、現在のことを推量します。

上の『万葉集』の例は、山上憶良が、家にいる子供のことを、「今ごろ泣いているだろう」と推量して、宴席からの暇乞いをしたときの歌の一節です。

「視界外現在推量」というほどはっきりせず、単に、「不確実なものを推量」するだけの例もあります。

ヤマを講義 2 「けむ」は過去の推量！

「けむ」は、「らむ」とは時制の違いがあるだけです。過去のことですから当然ですが、視界外、あるいは不確実な

③ 原因理由推量

訳 （どうして）…のだろう
　　　　　　…たのだろう

例 などや苦しき目を見るらむ。
訳 どうしてこんなつらい目にあうのだろうか。

例 見渡せば　山もとかすむ　水無瀬川　夕べは秋となに思ひけむ　[新古今集]
訳 見渡すと、山のふもとが霞んで見える水無瀬川よ、夕暮れは秋だとどうして思っていたのだろうか。

④ 伝聞・婉曲

訳 …とかいう
　　…ような
　　…たとかいう

例 鸚鵡（あうむ）いとあはれなり。人の言ふらむことをまねぶむよ。　[枕草子]
訳 オウムはたいそう心動かされる。人の言うようなことをまねするとかいうことだよ。

例 かの池にありけむ鴟（とび）は、実（まこと）の鴟にはあらじ。[今昔物語集]
訳 あの池にいたとかいうとびは、本当のとびではないであろう。

とを推量するという性質は同じといえます。

ヤマを講義 ③ 原因理由推量の場合は疑問語！

原因理由推量になる場合は、上の 例 のように、「など・なに・いかにして・いかばかり」のような疑問詞や、疑問の係助詞「や・か」を伴う形が多いと言えますが、疑問語を伴わなくても、原因理由推量に訳せる例もあります。

ヤマを講義 ④ 伝聞・婉曲は連体形のみ！

「らむ」「けむ」とも、伝聞や婉曲になるのは連体形の場合だけです。伝聞であるか婉曲であるかは、文脈を見て判断するしかありませんが、「らむ・けむ」で伝聞・婉曲という答を求める質問は非常にまれです。

演習ドリル

1 次の各文の空欄 1 〜 3 に、「けむ」「らむ」のどちらかを、適当な活用形にして入れ、各文を口語訳せよ。

❶〈頭に鼎をかぶった僧が〉医師のもとにさし入りて、向かひゐたり 1 ありさま、さこそ異様なり 2 。 [徒然草]

❷たつた山　夜半にや君が　一人越ゆ 3 　[伊勢物語]

1
2
3

2 次の各文の傍線部 ⓐ 〜 ⓕ の意味を、現在推量はA、過去推量はB、原因理由推量はC、伝聞・婉曲はDの記号で答えよ。また、❷・❸を口語訳せよ。

---

1 ヤマの解説

◆ 連用形は「けむ」、終止形は「らむ」!

1 は、上が存続の「たり」の連用形ですから、「けむ」。

2 は、上が形容動詞「異様なり」の連用形。ここも「けむ」で「こそ」の結びの已然形が必要。

「たり」「異様なり」は、終止形も同じ形ですが、どちらもラ変型活用語です。「らむ」は、ラ変型活用語には連体形に接続しますから、1・2とも、「らむ」は入りません。

3 は、上が下二段動詞「越ゆ」の終止形ですから、入るのは「らむ」。「や」の結びで連体形が必要ですが、形は同じです。

訳 医者の所に入って、向かい合って座っていたというありさまは、さぞかし異様だっただろう。

訳 たつた山をこんな夜中にあなたは一人で今ごろ越えているのだろうか。

答
1＝けむ　2＝けめ　3＝らむ

2

◆原因理由推量の判断に注意！

❶〈死んだ翁丸(犬の名)は〉何の身にこのたびはなりぬ**らむ**。いかにわびしき(どんなにかつらい)心地しけむ。　　　　　　　　　　　　　　　［枕草子］

❷〈屋根の鳶を追い払ったのには〉徳大寺にも、いかなる故(理由)か侍り**けむ**。　　　　　　　　　　　　　　　　　　［徒然草］

❸ふる里(古い都)は　雪とのみこそ　花は散る**らめ**　　　　　　　　　　　　　　　　　　　　　　　［古今集］

❹ひさかたの　光のどけき　春の日に　しづ心(落ちついた心)なく　花の散る**らむ**　　　　　　　　　　　　　　　　［古今集］

❺〈翁丸は〉死に**けむ**こそあはれなれ(かわいそうなことをした)。　　　　　　　　　　　　　　　　　　　　［枕草子］

ⓐ	ⓔ
ⓑ	ⓕ
ⓒ	
ⓓ	

❶のⓐは、「今ごろ…ているだろう」で、視界外の**現在推量**。
　ⓑは、死にそうになった時には、「どんなにかつらい思いをしただろう」・・・。
❷のⓒは、「いかなる故か」で、**過去推量**。「侍り」は丁寧語。
　訳 徳大寺にも、どんな理由があったのでしょうか。
❸のⓓは、視界外の**現在推量**。
　訳 古い都では、今ごろ雪のように花が散っているだろう。
❹のⓔは見分けの難しい形です。状況を考えると「視界外」ではありませんから、「現在推量」ではありません。これは、疑問語を伴っていませんが、「どうして花は散るのだろうか」と**原因理由を推量**している形です。
❺のⓕは、「死にけむことこそ」と、**原因理由**を伴っておらず、**連体形**で、過去の**伝聞**です。

答
ⓐ＝A　ⓑ＝B
ⓒ＝C　ⓓ＝A
ⓔ＝C　ⓕ＝D

11 「べし」の意味の判断

接続 終止形(ラ変型活用語には連体形)に接続する。

基本形	未然	連用	終止	連体	已然	命令
べし	べから	べく／べかり	べし	べき／べかる	べけれ	○

1 推量

訳 …だろう／…しそうだ／…にちがいない

例 この戒めは、万事にわたる**べし**。
訳 この戒めは、すべての事に通じる**にちがいない**。
〔徒然草〕

2 意志

訳 …う／…よう／…するつもりだ

例 宮仕へにいだし立てなば死ぬ**べし**。
訳 (私を)宮仕えに出すならば死ぬ**つもりだ**。
〔竹取物語〕

ヤマを講義

1 「スイカトメテヨ」と覚えよう!

「べし」はたいへんに意味が多いのですが、基本になっているのは 4 の「当然」の感覚で、「べし」で表す「推量」は、「む」よりもやや強い根拠のある、「きっと(当然)…にちがいない」という気持ちを表します。

たくさんの意味は、「ス(推量) イ(意志) カ(可能) ト(当然) メ(命令) テ(適当) ヨ(予定)」と覚えましょう。

2 ヤマを講義 意志は一人称の行為!

上の『竹取物語』の 例 のように、主語が一人称であることがふつうです。かぐや姫自身が「死ぬつもりだ」と意志表示しているわけですが、「死にたい」と希望のように訳すこともできます。

3 可能

訳 …できる

例 羽なければ、空をも飛ぶべからず。

訳 羽がないので、空を飛ぶこともできない。 [方丈記]

4 当然

訳 …すべきだ
…しなければならない

例 人、死を憎まば、生を愛すべし。

訳 人は、死を憎むなら、生を愛さなければならない。 [徒然草]

5 適当・勧誘 命令・予定

訳 …するのがよい
…したらどうか
…せよ
…することになっている

例 家の作りやうは、夏をむねとすべし。

訳 家の作り方は、夏を中心に考えるのがよい。 [徒然草]

例 頼朝が首をはねて、わが墓の前にかくべし。

訳 「頼朝が首をはねて、わしの墓の前にかけよ。」 [平家物語]

ヤマを講義 ③ 可能は打消を伴うことが多い！

百パーセントではありませんが、上の『方丈記』の例のように可能になる場合は打消や反語表現を伴うことが多いといえます。

ヤマを講義 ④ 当然・予定・適当はほぼ同類！

「当然」は、上の『徒然草』の例のように「…しなければならない」のように訳しますが、場合によっては「義務」と呼んでもよいこともあり、⑤の「予定」も、当然そう「することになっている」のであり、「適当」も、当然なのだから「するのがよい」わけで、大もとは同じだといえます。

ヤマを講義 ⑤ 命令は会話中で特定の人に！

命令は、会話文の中で、特定の人やグループ（メンバー）に向かって言う場合の用法です。上の『平家物語』の例では、平清盛が臨終の床で、一族の者たちに向かって命じています。

演習ドリル

次の各文の傍線部ⓐ〜ⓗの意味を、推量はA、意志はB、当然はC、可能はD、適当・勧誘はE、命令はF、予定はGの記号で答えよ。また、❷・❹・❻・❼・❽を口語訳せよ。

❶ 犬を蔵人二人して打ち給ふ(叩いていらっしゃる)。死ぬⓐ**べし**。 〔枕草子〕

❷ 財(財産)多しとて頼むⓑ**べからず**。時の間にして失ひやすし。 〔徒然草〕

❸ 人の歌(人から送って来た歌)の返し(返歌は)とく(早く)すⓒ**べき**を、え詠み得ぬほども心もとなし(じれったいものだ)。 〔枕草子〕

❹ 「このⓓ**一矢**に(一本の矢で)定むⓓ**べし**」と思へ。 〔徒然草〕

❺ 少しも子細を存ぜん(少しでも文句のあるような)人々は、これより疾う疾う(さっさと)鎌倉へ帰らるⓔ**べし**。 〔平家物語〕

◆ **ヤマの解説**

推量・意志・可能がポイント!

「べし」は意味が多く、判断のポイントがあまり明確でないので、判断の微妙なものは質問しにくいため、「推量」「意志」「可能」などの、比較的紛らわしくないものが、問われやすい傾向があります。

❶ のⓐ・・・**推量**でしょう。あんなに叩いたのでは「きっと死ぬだろう」です。主語は三人称の「犬」です。絶対ではありませんが、**可能**は「べからず」の形が多いと言えます。

訳 財産が多いからといって頼りにはできない。一瞬にして失いやすいものだ。

❸ のⓒは、人から来た歌の返歌は「早くしなければならない(すべきである)のに」ということでしょうから、これは、**当然**でしょう。

❹ のⓓは、**心中思惟(心話文)**の「 」の中での、**一人称の意志**です。

訳 「この一本の矢で決めよう」と思え。

❺ のⓔは、「さっさと鎌倉へ帰られよ」と強く言ったと見れば、**命令**。「お帰りになるがよい」と柔らかく言ったと見れば、**適当・勧誘**。戦陣の中での緊迫感のある場面で

❻〈出発の準備も整って〉舟に乗る**ⓕべき**所へわたる〈移る〉。　［土佐日記］

❼〈そんなに立派な家を造っても〉さてもやは永らへ〈永遠に〉住む**ⓖべき**。　［徒然草］

❽〈もう夜が明けてしまうのに〉かう〈このように〉大殿籠る**ⓗべき**かは。　［枕草子］

ⓐ	ⓔ
ⓑ	ⓕ
ⓒ	ⓖ
ⓓ	ⓗ

すから、命令ととりたいところです。

❻の**ⓕ**は、「舟に乗ること〈予定〉になっている」所でしょうから、**予定**が適当でしょう。

訳　舟に乗ることになっている所へ移る。

❼の**ⓖ**は、**反語**の「**やは**」の結びになっています。**やは**、反語を伴うことが多いのも、**可能**と同様、打消・反語を伴うことが多い。

訳　そのようにしても永遠に住むことができるだろうか〈いや、できるものではない〉。

❽の**ⓗ**は、下に反語の「**かは**」がありますが、身分のある人へのもの言いですし、ここは「可能」ではなく、**適当**がいいでしょう。

訳　このようにおやすみになっていてよいでしょうか〈いや、よくありません〉。

答

ⓐ＝A　ⓔ＝F
ⓑ＝D　ⓕ＝G
ⓒ＝C　ⓖ＝D
ⓓ＝B　ⓗ＝E

12 推定の助動詞「なり」「めり」「らし」

接続 終止形（ラ変型活用語には連体形）に接続する。

基本形	未然	連用	終止	連体	已然	命令
なり	○	なり	なり	なる	なれ	○
めり	○	めり	めり	める	めれ	○
らし	○	○	らし	らし（らしき）	らし	○

例
① 伝聞・推定の「なり」
訳 …（の）ようだ
　　…とかいうことだ
　　…だそうだ

例 奥の方より、「何事ぞ」といらふる声すなり。
訳 奥の方から、「何事か」と答える声がするようだ。
　　　　　　　　　　　　［宇治拾遺物語］

例 また聞けば、侍従の大納言の御女亡くなり給ひぬなり。
訳 また聞くところによると、侍従の大納言の姫君がお亡くなりになったそうだ。
　　　　　　　　　　　　［更級日記］

ヤマを講義

① 「なり」は聴覚による推定！

「推定」という言い方は、「推量」よりも、そのように思う根拠が強いことをいいます。
「なり」は、上の『宇治拾遺物語』の例の人の「声」や「鳴き声・物音」など、聴覚を根拠とする推定で、それが『更級日記』の例の「また聞けば」のように、人から聞いて耳にした「噂」や「話」ならば伝聞になります。

もうひとつヤマ

断定の「なり」との識別がポイント！

伝聞・推定の「なり」……終止形（ラ変型活用語には連体形）につく。
断定の「なり」……………体言・連体形につく。

▼次のような形は「伝聞・推定」の「なり」です。
ⓐ 係り結びの結びの位置の「なる・なれ」。
ⓑ 「あ（ん）なり」「な（ん）なり」「ざ（ん）なり」など、

2 推定・婉曲の「めり」

訳 …（の）ようだ
　　…のように見える
　　…のように思われる

例 すだれ少し上げて、花奉る**めり**。
訳 すだれを少し上げて、花をお供えする**ようだ**。
[源氏物語]

例 もののあはれは秋こそまされと人ごとに言ふ**めれ**ど、いまひとしきは心も浮きたつものは、春のけしきにこそあ**めれ**。
訳 もののあわれは秋がまさっていると誰もが言う**ようだ**が、今一段と心も浮き立つものは、春のけしき**のように思われる**。
[徒然草]

3 根拠に基づく推定の「らし」

訳 …らしい

例 春過ぎて　夏来たる**らし**　白妙の　衣ほしたり　天の香具山
[万葉集]
訳 春が過ぎて夏が来た**らしい**。まっ白な衣を干している天の香具山よ。

撥音（表記されないことも多い）の下の「なり」。
「なり」の識別は122ページで勉強します。

2 ヤマを講義 「めり」は視覚による推定！

「めり」は、「見（み）あり」あるいは「見（み）えあり」がつづまってできたと考えられていて、基本的には、**目の前に見えている**ことについての「推定」といえます。
上の『源氏物語』の 例 は、光源氏が家の中にいる尼君の様子を、垣根からのぞき見している場面です。
「婉曲」というのは、断定を避けてやわらげた表現にすることをいいます。

3 ヤマを講義 「らし」は和歌の中のみ！

「らし」は、ほぼ和歌の中で用いられています。
上の 例 で、「春が過ぎて夏が来た**らしい**」と推定した**根拠**は、天の香具山にまっ白な衣が干してあることです。

演習ドリル

1 次の各文の傍線部ⓐ～ⓓの意味を、伝聞はA、推定はB、断定はCの記号で答えよ。また各文を口語訳せよ。

❶ 男もすⓐなる日記といふものを、女もしてみむとてすⓑなり。　　［土佐日記］

❷ 吉野ⓒなる　夏実（なつみ）の川の　川淀（かはよど）（川の淀み）に　鴨ぞ鳴くⓓなる　山かげにして　　［万葉集］

| ⓐ |
| ⓑ |
| ⓒ |
| ⓓ |

ヤマの解説

1

◆ 結びの「なり」は伝聞・推定!

❶のⓐの上の「す」は、サ変動詞の終止形、ⓑの上の「す
る」は、サ変動詞の連体形です。サ変のように、終止形と
連体形の形が異なるものについている場合は問題なく、ⓐ
はここでは**伝聞**、ⓑは**断定**です。
〔訳〕男も書くという日記というものを、女も書いてみようと
思って書くのである。

❷のⓒは、上が「吉野」という地名で、**体言**（名詞）です
から、**断定**。厳密には「…にある」と訳す**存在**です。ⓓは
上の「鳴く」が四段活用ですから、見かけ上、終止形につ
いているのか連体形についているのかは判断できません。
しかし、「鳴く」は**聴覚的な語**ですし、この「なる」は、係
助詞「ぞ」の結びですから、**推定**です。
〔訳〕吉野にある夏実の川の川の淀みで鴨が鳴いているようだ。山かげで。

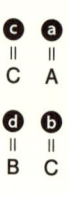

〔答〕
ⓐ＝A　ⓑ＝C
ⓒ＝C　ⓓ＝B

2 次の各文を、口語訳せよ。

❶ 〈あなたは私がいつも取る竹の中にいたのだから、竹から作る籠ではないが、私の〉子になり給ふべき人な**めり**。　[竹取物語]

❷ 〈世の中の人の心というものは〉目離るれ（あまり会わなくなる）ば忘れぬべきものにこそあ**めれ**。　[伊勢物語]

3 次の文の傍線部「らし」で推定していることの根拠はどのようなことか、説明せよ。

夕されば（夕方になると）　小倉の山に　鳴く鹿は　今宵は鳴かず　**寝ねにけらしも**　[万葉集]

---

2 ◆ 推定か婉曲かは文脈で判断！

❶は、竹取の翁が、光っているので切ってみた竹の筒の中にいた女の子（かぐや姫）を目の前にして言っている、視覚による推定の例です。ちなみに「べき」は、当然ある いは予定です。「なめり」の「な」は、断定の助動詞「なり」の連体形「なる」の撥音便「なん」の「ん」が表記されない形です。

【訳】私の子どもにおなりになるはずの人であるようだ。

❷は、視覚による推定ではなく、**婉曲**です。この「あめれ」も、「あるめれ」が「あんめれ→あめれ」となった形です。

【訳】あまり会わないでいると忘れてしまうにちがいないもの・・・・・のように思われる。

3 ◆「寝てしまったらしい」根拠は？

根拠は、「夕されば小倉の山に鳴く鹿」が「今宵は鳴かず」であることです。

「寝ねにけらしも（＝寝てしまったらしい）」と推定した

【答】夕方になるといつも小倉の山で鳴く鹿が、今夜は鳴いていないということ。

13 反実仮想の助動詞「まし」

接続 未然形に接続する。

基本形	未然	連用	終止	連体	已然	命令
まし	ませ／ましか	○	まし	まし	ましか	○

1 反実仮想の公式

未然形＋ば　……　まし
連用形＋は　　　　ましを
せ（過去・未）＋ば　ましものを
ませ＋ば
ましか＋ば

訳 もし…なら、…だろうに、（実際には…だから…だ）

例 わが身一つならば安らかならまし を。
訳 自分一人のことならば心配もないだろうものを。〔更級日記〕

例 鏡に色・形あらましかば映らざらまし。〔徒然草〕
訳 もし鏡に色や形があったとしたら、何も映らないだろうに。

ヤマを講義

1 反実仮想の公式は超頻出！

「反実仮想」とは、「事実に反することを仮に想定する」ことをいいます。

ですから、「もし…なら（だったとしたら）、…だろうに…」ということは、仮想の先に、「実際には…だから…だ」という気持ちが暗示されています。

たとえば、上の『更級日記』の **例** は、受領として東国地方に下る作者の父が、娘のことを案じている場面ですが、「実際には自分一人のことではすまず、おまえのこともあったりするから、安らかでいられない」ということを言っているわけです。

2 ためらい

訳 …しようかなあ
　　…しようかしら

例 しやせまし、せずやあらましと思ふことは、おほやうはせぬはよきなり。 [徒然草]

訳 しようかなあ、しないでおこうかなあと思うことは、大体はしないほうがよいものである。

例 いかにせまし。 [堤中納言物語]

訳 どうしたものだろうか。

3 不可能な希望

訳 …たらよいのに

例 見る人も なき山里の 桜花 ほかの散りなむ 後ぞ咲かまし [古今集]

訳 誰も見る人もない山里の桜よ、ほかの桜が散った後で咲いたらよいのに。

ヤマを講義 2

「ためらい」は疑問語を伴う！

「まし」は上の例のように、疑問の係助詞「や」や、「いかに」などの疑問詞を伴って用いられた場合、「ためらい（迷い）」の気持ちを表します。「意志」や「推量」という言い方をすることもあります。

ヤマを講義 3

仮想部分がない「まし」の形

上の『古今集』の例は、「どうせ咲くのならば」のような、反実仮想の仮想部分がない形です。ですから、反実はやはり反実で、そうは言うものの、「山里の桜とて、ほかの桜が散った後で咲くわけではないから、山里のほうまで見にくる人もなく、せっかく美しく咲いても残念だ」ということを言っているわけです。

演習ドリル

1 次の各文を、口語訳せよ。

❶ うぐひすの 谷より出づる（出て来て鳴く）声なくは 春来ることを 誰か知らまし　[古今集]

❷ いつはり（嘘）の なき世なりせば いかばかり（どんなにか） 人の言の葉 うれしからまし　[古今集]

❸ 〈山里で蜜柑（みかん）の木に囲ひがしてあったのにがっかりして〉この木なからましかばとこそおぼえしか。　[徒然草]

❹ 法師にやなりなまし、死にやしなまし。　[宇津保物語]

ヤマの解説

1

◆「…なら…だろうに」が型！

❶の「なくは」は、形容詞「なし」の連用形＋係助詞「は」による仮定の形です。

訳 うぐいすが谷から出て来て鳴く声がなかったならば、春が来ることを誰がわかるだろうか（いや誰もわからないだろう）。

❷の「せば」は、過去の助動詞「き」の未然形「せ」＋「ば」の仮定の形です。

訳 嘘というものがない世の中であったならば、どんなにか人の言葉というものもうれしいだろうに。

◆「…まし」の省略を補って訳す！

❸は、「…ましかば…まし」の「…まし」の部分が見えません。これは、「よからまし」のような言い方が省略されている形で、このような場合は、その省略を補って訳す必要があります。

訳 （いっそのこと）この木がなかったらよかったのにと思われた。

2 次の各文の意味を考え、実際にはどうであったからどうだと言いたいのかを説明せよ。

❶ わが背子（夫）と 二人見**ませば** いくばくか（どんなにか） この降る雪の うれしから**まし**
〔万葉集〕

❷ 思ひつつ 寝（ね）れ**ばや**（あの人のことを思いながら寝たので）人（あの人）の〈夢に〉見えつらむ 夢と知り**せば** さめざら**まし**を
〔古今集〕

◆「…や…まし」は「ためらい」！

❹は「反実仮想」ではありません。「…や…まし」とか、「いかに…まし」の形は、「ためらい」とか「迷い」の用法です。「なりなまし」の「な」は強意の「ぬ」の未然形です。

訳 法師にでもなってしまおうかしら、いっそ死んでしまおうかしら。

2 実はどうだと言いたいのか？

❶の訳は、「私の夫と二人で見ているのだったら、どんなにかこの降っている雪もうれしいことだろうに」です。

答 一人で見ているので、降っている雪もつまらないということ。

❷の訳は、「あの人のことを思いながら寝たので、あの人が夢にあらわれたのであろうか。夢の中でこれが夢だとわかっていたら、さめないままでいたのに」です。聖武天皇の后、光明皇后の歌です。

答 夢の中で夢だとわかっていなかったので、夢がさめてしまって、せっかくあの人に会えていたのに残念だということ。

町（まち）のたいへん有名な歌です。小野小

14 打消の助動詞「ず」「じ」「まじ」

基本形	ず	じ	まじ
未然	ざら	○	まじから
連用	ず / ざり	○	まじく / まじかり
終止	ず	じ	まじ
連体	ぬ / ざる	じ	まじき / まじかる
已然	ね / ざれ	じ	まじけれ
命令	ざれ	○	○

接続
ず……未然形に接続する。
じ……未然形に接続する。
まじ……終止形(ラ変型活用語には連体形)に接続する。

① 打消の「ず」

訳 …ない
  …ぬ

例 京には見えぬ鳥なれば、みな人見知らず。
   [伊勢物語]
訳 京では見かけない鳥なので、誰も知らない。

例 この川飛鳥川にあらねば、淵瀬さらに変はらざりけり。
   [土佐日記]
訳 この川は飛鳥川ではないので、淵も瀬もまったく変わっていないことだ。

ヤマを講義 「ぬ・ね」の識別がポイント！

① 打消の「ず」は最もよく使われる助動詞ですが、文法問題としては、「ぬ」と「ね」の識別問題、つまり、完了の助動詞との識別がポイントです。

▼「ぬ」の識別
 未然形＋ぬ……打消の「ず」の連体形
 連用形＋ぬ……完了の「ぬ」の終止形

▼「ね」の識別
 未然形＋ね……打消の「ず」の已然形
 連用形＋ね……完了の「ぬ」の命令形

「ぬ・ね」の識別は、142ページで勉強します。

2 「む」の打消「じ」

訳 …ないだろう　…ないつもりだ　…まい　など

例 月ばかりおもしろきものはあらじ。〔徒然草〕

訳 月ほど興味深いものはないだろう。

例 京にはあらじ、東の方に住むべき国求めにとて行きけり。〔伊勢物語〕

訳 京にはおるまい、東国の方に住むのによい国を探しに行こうと思って出かけて行った。

3 「べし」の打消「まじ」

訳 …ないだろう　…まい　…ないつもりだ　…できそうにない　など

例 唐のものは、薬のほかはなくとも、事欠くまじ。〔徒然草〕

訳 中国のものは、薬のほかはなくとも不自由しないだろう。

例 わが身は女なりとも、敵の手にはかかるまじ。〔平家物語〕

訳 私は女であっても、敵の手にはかからないつもりだ。

ヤマを講義 2

「じ」は「む」の打消ですが、用例はほとんど打消推量・打消意志です。

- ⓐ **打消推量**（…ないだろう。…まい）
- ⓑ **打消意志**（…ないつもりだ。…まい。…たくない）

ヤマを講義 3

「まじ」は「べし」の打消で、こちらはいろいろな用例があります。

- ⓐ **打消推量**（…ないだろう。…まい）
- ⓑ **打消意志**（…ないつもりだ。…まい）
- ⓒ **打消当然**（…べきでない。…はずがない）
- ⓓ **不適当**（…ないほうがよい）
- ⓔ **不可能**（…できない。できそうにない）
- ⓕ **禁止**（…てはならない。…するな）

83

演習ドリル

1 次の各文の空欄 1 〜 3 に、「ず」を適当な形に活用させて入れよ。

❶ 人の心すなほならば、いつはりなきにしもあらず（嘘がないわけではない）。[徒然草]

❷ ものは少しおぼゆれど（意識は少しはっきりしているが）腰なむ動かれ 2 。[竹取物語]

❸ その要句（極楽往生のための重要な文句）を教へむ。ゆめゆめ忘れ 3 。[今昔物語集]

1
2
3

2 次の各文の傍線部 ⓐ〜ⓗ の意味を、打消推量はA、打消意志はB、打消当然はC、不適当はD、不可能はE、禁止はFの記号で答えよ。

❶〈双六は〉勝たんと（勝とうと思って）打つべからず。負

ヤマの解説

1

◆「ざら・ざり…」は補助活用！

❶ は、「人の心というものは素直でないので」と訳したいところですから、**已然形**＋「ば」です。已然形は「ざれ」もありますが、「ざら／ざり…」の形は、「き・けり・けむ」などの助動詞に続くときに用いられる**補助活用**で、ふつうは「ね」のほうを用います。

❷ は、係助詞「**なむ**」の結びですから、**連体形**が必要で、やはり、補助活用「ざる」ではなく、「ぬ」。

❸ は、「**ゆめゆめ…禁止**（＝**打消の命令**）」になりますから、**命令形**が必要です。命令形は補助活用のほうにしかありません。

答　1＝ね　2＝ぬ　3＝ざれ

2

◆文脈の中で訳し方を考える！

❶ の**訳**は、「勝とうと思って打ってはいけない。負けまいと思って打つべき（打つのがよいの）である」です。こ

❶ **じ**と打つべきなり。
❷ 勝つべき（当然勝つはずの）戦に負くること、よもあら**じ**。〔平家物語〕
❸ 法師ばかり（ほど）うらやましからぬものはあら**じ**。〔徒然草〕
❹ 妻といふものこそ、男の持つ**まじき**ものなれ。〔徒然草〕
❺ 「人にも漏らさせ給ふ**まじ**」と、御口かためきこえ給ふ（お口どめ申し上げなさる）。〔源氏物語〕
❻ たはやすく（かんたんには）人寄り来**まじき**家を造りて、〔竹取物語〕
❼ 人はただ無常（死）の身に迫りぬることを心にひしとかけて、つかの間も忘る**まじきなり**。〔徒然草〕
❽〈あなたを〉見捨ててはいづちも（どこへも）いづちも行く**まじ**。〔大和物語〕

e	a
f	b
g	c
h	d

❶の訳は、**打消意志**でしょう。
❷の訳は、「当然勝つはずの戦に負けることは、よもやないであろう（あるまい）」ですから、**打消推量**でしょう。
❸の訳は、「法師ほどうらやましくないものはないであろう」。これも、**打消推量**です。
❹の訳は、「妻というものこそ、男が持たないほうがよいものである」で、**不適当**でしょう。「持つべきでない」とまで言うなら、**打消当然**ともとれます。
❺の訳は、「『人にもおもらしになりますな』とお口どめ申し上げなさる」です。これは、**禁止**がいいでしょう。
❻の訳は、「かんたんには人が近寄ることができない家を造って」で、**不可能**。
❼の訳は、「人はただただ死が身近に迫っているということをしっかりと抱いて、つかの間も忘れてはならないことである」。**禁止**が適当でしょうが、「忘れないほうがよい」と言えば**不適当**、「忘れるべきでない」と言えば**打消当然**です。
❽の訳は、「あなたを見捨ててどこへも行くつもりはない」のでしょうから、**打消意志**。

答
ⓐ＝B
ⓑ＝A
ⓒ＝A
ⓓ＝D
ⓔ＝F
ⓕ＝E
ⓖ＝F
ⓗ＝B

15 希望の助動詞「たし」「まほし」・比況の助動詞「ごとし」

接続
たし……連用形に接続する。
まほし……未然形に接続する。

基本形	未然	連用	終止	連体	已然	命令
たし	たから	たく / たかり	たし	たき / たかる	たけれ	○
まほし	まほしから	まほしく / まほしかり	まほし	まほしき / まほしかる	まほしけれ	○

ヤマを講義 ①

「たし」は鎌倉時代以後！

「たし」は、現代語の「…たい」につながる語ですが、平安時代末期に生じたもので、平安時代までの希望表現はほぼ「まほし」です。
「まほし」は、意志の助動詞「む」の未然形の古い形である「ま」に、名詞をつくる接尾語「く」に、形容詞「欲し」がついた、「まくほし」という形がつづまってできた語で、原形の「**まくほし**」のままの用例もあります。

① 希望

訳 …たい
…てほしい

例 敵に逢うてこそ死にたけれ。悪所に落ちては死にたからず。
〔平家物語〕
訳 敵に出会って（戦って）死にたいものだ。難所に落ちたりして死にたくない。

例 先達はあらまほしきことなり。
〔徒然草〕
訳 案内者はあってほしいものである。

例 いよいよ見まくほしき君かな。
〔伊勢物語〕
訳 いっそう会いたいあなたですよ。

基本形	未然	連用	終止	連体	已然	命令
ごとし	○	ごとく	ごとし	ごとき	○	○

接続 体言、連体形、助詞「が・の」に接続する。

ヤマを講義

②「ごとし」は「比況」でOK！

「ごとし」についての判断を求める出題は、非常にまれで、③の「同等」や「例示」までの用法の違いを問われることはありませんし、②の「比況」という解答を求める質問もあまりありません。

もうひとヤマ

「ごと」の用例もある！

「ごと」という語幹部分が、連用形「ごとく」のように用いられる例があります。

例 身をかへたるが**ごと**なりにけり。 〔竹取物語〕

訳 別人**のように**なってしまった。

---

② 比況（ひきょう）

訳 …のようだ

例 おごれる人も久しからず。ただ春の夜の夢の**ごとし**。 〔平家物語〕

訳 おごりたかぶっている人も永遠ではない。それはただ春の夜の夢**のようなものだ**。

③ 同等・例示

訳
…と同じだ
…どおりだ
…のようだ
…など

例 つひに本意の**ごとく**会ひにけり。 〔伊勢物語〕

訳 とうとう本来の望み**どおり**、結婚したのだった。

例 和歌・管弦・往生要集**ごとき**の抄物を入れたり。 〔方丈記〕

訳 和歌や音楽の書、『往生要集』**などの**抜き書きしたものを入れてある。

演習ドリル

1

次の各文の空欄 1 ～ 6 に、「たし」「まほし」のどちらかを適当な形に活用させて入れよ。また、❷・❸・❹・❺を口語訳せよ。

❶ 常に聞き 1 は、琵琶・和琴。 ［徒然草］

❷ 〈御息所は〉しばし〈里に〉あら 2 思したり。 ［源氏物語］

❸ 見に行か 3 ど、さらに（まったく）道も覚えず。 ［宇治拾遺物語］

❹ 近う（身近に）参つて見参にも入り（お目にかかり） 4 つれども、 ［平家物語］

❺ 言は 5 こともえ言はず。 ［更級日記］

ヤマの解説

◆ 連用形は「たし」、未然形は「まほし」!

❶は、上の「聞き」が四段動詞の連用形ですから、「たし」。下に「もの」の省略があるので、連体形にします。

❷は、上の「あら」がラ変動詞の未然形ですから、「まほ し」。「思す」という用言にかかるので、連用形にします。
訳 しばらく里にいたいとお思いになっている。

❸は、上の「行か」が四段動詞の未然形ですから、「まほ し」。下に已然形に接続する逆接の接続助詞「ど」があるので、已然形にします。
訳 見に行きたいけれど、まったく道も覚えていない。

❹は、上の「入り」が四段動詞の連用形ですから、「たし」。下に完了の助動詞「つ」があるので、助動詞に続けるために連用形の補助活用が必要です。
訳 身近に参上してお目にかかりたかったけれども、

❺は、上の「言は」が四段動詞の未然形ですから、「まほ し」。下に「こと」があるので、連体形にします。
訳 言いたいことも言えない。

❻は、上の「帰り」が四段動詞の連用形ですから、已然形＋「ば」の形にします。
「帰りたいと」と訳したいので、已然形＋「ば」の形にします。

88

❻帰り ６ ば、一人つい（さっと）立ちて行きけり。
　　　　　　　　　　　　　　　　　　　　　　［徒然草］

1	4
2	5
3	6

２ 次の各文の空欄 １ ・ ２ に、「ごとし」を適当な形に活用させて入れ、口語訳せよ。

❶〈風にあおられた火事の火は〉扇を広げたるが １ 末広（すゑひろ）（末広がり）になりぬ。
　　　　　　　　　　　　　　　　　　　　　　［方丈記］

❷楊貴妃（やうきひ） ２ はあまり時めき（寵愛を受け）過ぎて、
　　　　　　　　　　　　　　　　　　　　　　［大鏡］

1
2

答
1＝たき　2＝まほしく　3＝まほしけれ
4＝たかり　5＝まほしき　6＝たけれ

◆ ❶は比況、❷は例示！

２
❶は、下に「末広」という体言（名詞）がありますが、意味上は「なりぬ」にかかりますから、**連用形**が必要です。
訳 扇を広げたように末広がりになっていった。

❷は「例示」の例です。**下に「者・人」が省略**されている形で、**連体形**が必要です。
訳 楊貴妃など・（のような人）はあまりに寵愛を受けすぎて、

答
1＝ごとく　2＝ごとき

読みのヤマ単 ② 住居のベスト20

閼伽棚 読 あかだな。 意 仏前にそなえる水や花を置く棚。

筧 読 かけい(かけひ)。 意 くりぬいた竹や木を掛け渡して水を引くためのとい。

格子 読 こうし(かうし)。 意 細い角材を縦横に組んだ建具。

蔀 読 しとみ。 意 格子の内側に板を張ったもの。上下二枚からなる。

透垣 読 すいがい。 意 板や竹の間を透かして作った垣根。

簀子 読 すのこ。 意 寝殿造りの縁側。

清涼殿 読 せいりょうでん(せいりやうでん)。 意 内裏の殿舎の一つ。紫宸殿の西にある、天皇の日常の居室。

前栽 読 せんざい。 意 庭先に植えた草木。

曹司 読 ぞうし(ざうし)。 意 部屋。

対屋 読 たいのや。 意 寝殿の東西や北に建てた別棟。

内裏 読 だいり。 意 天皇の住む御殿。御所。「うち」とも読み、天皇のこともさす。

築地 読 ついじ(ついぢ)。 意 泥を塗り固めて作った土塀。

妻戸 読 つまど。 意 寝殿造りの建物の四隅にある、両開きの扉。出入り口として用いる。

長押 読 なげし。 意 柱と柱をつなぐ横に渡した材木。

塗籠 読 ぬりごめ。 意 周囲を壁で塗り込めた、納戸や寝室として用いた部屋。

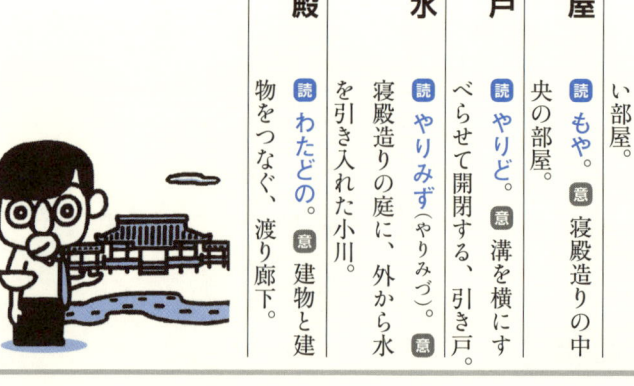

廂 読 ひさし。 意 寝殿造りで、母屋と簀子の間にある細長い部屋。

母屋 読 もや。 意 寝殿造りの中央の部屋。

遣戸 読 やりど。 意 溝を横にべらせて開閉する、引き戸。

遣水 読 やりみず(やりみづ)。 意 寝殿造りの庭に、外から水を引き入れた小川。

渡殿 読 わたどの。 意 建物と建物をつなぐ、渡り廊下。

PART 5

助詞のヤマのヤマ

**助詞の数は多いが、
出るポイントはこれだけだ！**

助詞は総勢で **70** 以上もある！
助動詞と同様、解釈の重要ポイントだ！
大事なのだが、質問されやすいものは限られている。
ここにある **7** つのポイント、
これだけでだいたい **OK** だ！

16 格助詞「の」「が」の用法

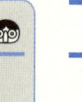

接続　体言・連体形などに接続する。

① 主格
訳 …が

例 雪の降りたるは言ふべきにもあらず、雪が降っている朝はいうまでもなく趣深い。
［枕草子］

② 連体格
訳 …の

例 竹取が家に、御使ひつかはさせ給ふ。
訳 竹取の翁の家に、御使者をおつかわしになる。
［竹取物語］

③ 同格
訳 …で…（のが／のを）

例 若き女の、死にて臥したるあり。
［今昔物語集］

ヤマを講義 ①「が」と訳す「の」が大切！
「主格」というのは、上の語が、文の中で主語であることを示すことをいいます。
これは、「の」であれば口語でも「が」でいいわけですから、「…が」と訳す「の」の感覚が大切です。

ヤマを講義 ②「の」と訳す「が」が大切！
「連体格」は、「私の家」のように、上の語が連体修飾語であることを示します。
これは、「の」であれば口語でも「の」ですから、「…の」と訳す「が」の感覚が大切です。

ヤマを講義 ③ 質問の多い同格の「の」！

> 訳 若い女で、死んで横たわっているのがいる。
>
> 例 いとやむごとなき際にはあらぬが、すぐれて時めき給ふありけり。
> 訳 それほど貴い身分ではない方で、たいそう帝のご寵愛を受けていらっしゃる方があった。　[源氏物語]

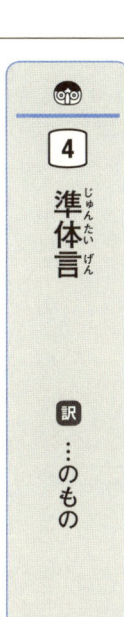

4 準体言
訳 …のもの

> 例 草の花はなでしこ。唐のはさらなり。大和のもいとめでたし。
> 訳 草の花はなでしこがよい。中国のものはいうまでもない。日本のものもたいへんすばらしい。　[枕草子]

5 比喩
訳 …のような
　…のように

> 例 千年をすぐすとも、一夜の夢の心地こそせめ。
> 訳 たとえ千年をすごしても、一夜の夢のような気持ちがするだろう。　[徒然草]

上の『今昔物語集』の例 で、「の」は、

　若き女＝死にて臥したる(女)

ということを示しています。この「同格」の用法は、「ビールの冷えたのください」のように今でもふつうに使っていますが、一見特殊に見えるため、よく質問されます。

ヤマを講義 4
準体言は「…のもの（体言）」！

右にあげた「ビールの冷えたの」の「の」は、「準体言」の用法です。「の」はビールそのものですよね。この準体言の用法も、「これ誰の？」「ぼくの」のように、今でもふつうに使っています。

ヤマを講義 5
比喩は序詞の末尾が多い！

「比喩」の「の」は、和歌の序詞（216ページ）の末尾でよく使われます。

「が」には、「比喩」の用法はありません。

演習ドリル

次の各文の傍線部ⓐ～ⓟの「の・が」の用法を、主格はA、連体格はB、同格はC、準体言はD、比喩はEの記号で答えよ。また、❷・❹・❻・❼を口語訳せよ。

❶〈飼っていた〉すずめⓐの子を、犬君〈童女の名〉ⓑが逃がしつる。　　　　　　　　　　　　　　　　　　　[源氏物語]

❷〈この歌は〉ある人ⓒの言はく、柿本人麻呂ⓓがなり。　　　　　　　　　　　　　　　　　　　　　　　　　[古今集]

❸手〈字〉ⓔのわろき〈へたな〉人ⓕの、はばからず〈気にしないで〉文〈手紙を〉書き散らすはⓖ〈あちこちに書くのは〉よし。　　　　　　　　　　　　　　　　　　　　　　　　　　　　[徒然草]

❹〈その骨は〉扇ⓖのにはあらで、海月ⓗのななり。　　　　　　　　　　　　　　　　　　　　　　　　　　[枕草子]

❺白き鳥ⓘの、嘴（くちばし）ⓙと脚と赤き、鴫の大きさなる、水ⓚの上に遊びつつ魚を食ふ。　　　　　　　　　　　　　　　　　　　　　　　　　[伊勢物語]

◆ 訳し方をあてはめて判断！ 〈ヤマの解説〉

❶のⓐの「すずめの子」は「の」のままでOKですから、連体格のⓑの「の」でしょう。

❶のⓑは、「犬君が逃がした」で、「が」のままでOKです。

❷のⓒは、「ある人が言うには」で、主格。

❷のⓓは、「柿本人麻呂の歌」で、準体言。

訳 ある人が言うには、柿本人麻呂の歌である。

❸のⓔ・ⓕは、どちらも主格で、「字がへたな人が」ということです。

❹は、中宮の兄の隆家が自分の持っている扇の骨を、「見たこともないくらいすばらしい」と言うのをからかった清少納言の言葉で、「扇の骨」「海月の骨」という、もに準体言の用法です。「ななり」は「なるなり」が「なん なり」と撥音になり、表記されていない形です。

訳 扇の骨ではなく、海月の骨なのでしょう。

❺の「白き鳥」は、イコール「くちばしと足が赤く、鴫の大きさくらいの」鳥で、ⓘは同格です。ⓙは「水の上」ですから、「の」のままの連体格。

❻のⓚは、「玉のような」という比喩の用法です。

ⓜ	ⓘ	ⓔ	ⓐ
ⓝ	ⓙ	ⓕ	ⓑ
ⓞ	ⓚ	ⓖ	ⓒ
ⓟ	ⓛ	ⓗ	ⓓ

⑥〈帝と桐壺の更衣との間には〉清らなる玉ⓚの男皇子さへ〈男の皇子までも〉生まれ給ひぬ。　［源氏物語］

⑦〈夢の中に〉いと清げなる僧ⓛの、黄なる地ⓜの袈裟着たるⓝが来て、　［更級日記］

⑧春日野の　雪間（雪どけの合間）を分けて　生ひ出で来る草のⓞはつかに（わずかに）　見えし君はも　［古今集］

⑨佐々木三郎秀義ⓟが四男、佐々木四郎高綱、宇治川の先陣ぞや（一番のりだぞ）。　［平家物語］

答

ⓐ＝B　ⓑ＝A　ⓒ＝A　ⓓ＝D　ⓔ＝A　ⓕ＝D　ⓖ＝D　ⓗ＝B　ⓘ＝C　ⓙ＝C　ⓚ＝E　ⓛ＝C　ⓜ＝B　ⓝ＝A　ⓞ＝E　ⓟ＝B

訳　美しい玉のような男の皇子までもお生まれになった。

⑦の「いと清げなる」は、イコール「黄なる地の袈裟着たる」ですから ⓛ は「黄色い地の袈裟」ですから**連体格**です。ⓜは「の」のままで**主格**です。ⓝは「が」のままで**同格**です。

訳　たいそう美しい僧で、黄色い地の袈裟を着た人が出てきて、

⑧は、「春日野の雪間を分けて生ひ出で来る草の」までが、「はつかに」を修飾する**序詞**になっていて、「の」は**比喩**です。「…のようにわずかに見えただけのあなた」ということを言いたいわけです。

⑨のⓟは、「佐々木三郎秀義の・四男」で、**連体格**の「が」です。

17 接続助詞「ば」の用法

接続 未然形、已然形に接続する。

1 未然形＋ば（仮定）

訳 …ならば
　　…たら

例 春まで命あらば、必ず来む。
訳 春まで命があったら、必ず帰って来よう。〔更級日記〕

例 月の都の人まうで来ば、捕らへさせむ。
訳 月の都の人がやってまいるならば、捕らえさせよう。〔竹取物語〕

2 已然形＋ば（原因・理由）

訳 …ので
　　…から

例 いと幼ければ、籠に入れて養ふ。
訳 （その女の子は）たいそう小さいので、かごに入れて育てる。〔竹取物語〕

例 京には見えぬ鳥なれば、みな人見知らず。
訳 京では見かけない鳥なので、誰も皆知らない。〔伊勢物語〕

ヤマを講義 1

未然形についたら仮定！

未然形＋「ば」の形を、「順接仮定条件」といいます。簡単に言えば「仮定」です。上の例の「あら」はラ変の未然形、「来」はカ変の未然形です。

ヤマを講義 2

已然形なら「ので」か「と」！

已然形＋「ば」は「順接確定条件」です。前のことがらがすでに起こっていることである場合をいい、2・3・4の三つの用法があります。

2は、前のことがらが、後のことがらの「原因」ないし「理由」であることを示しています。

上の例の「幼けれ」は形容詞ク活用の已然形、「なれ」は断定の助動詞「なり」の已然形です。

3 已然形＋ば（偶然条件）

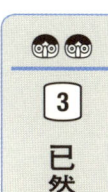

訳 …と／…（た）ところ

例 それを見れば、三寸ばかりなる人いとうつくしうてゐたり。
訳 それを見ると、三寸くらいの人がたいそうかわいらしい様子で座っている。
〔竹取物語〕

4 已然形＋ば（恒常条件）

訳 …と（いつも）／…と（必ず）

例 命長ければ、恥多し。
訳 長生きをすると（必ず）、かく恥も多いものだ。
〔徒然草〕

ヤマを講義 ③ たまたまそうなった「と」！

③は、「偶然条件」といいます。
上の例では、竹取の翁が、光っている竹を不思議に思って、切ってみる「と、たまたま」そこに三寸くらいの女の子がいた、という場面です。見る「ので」それが原因でかぐや姫が出てきたり、光る竹を切る「たびにいつも」小さい女の子が出てきたらコワイですよね。
「見れ」は上一段の已然形です。

ヤマを講義 ④ 必然的にそうなる「と」！

④は、「恒常条件」とか「必然条件」とかいいます。「…するといつも」とか、「…すると必ず」といった訳し方があてはまるケースです。
兼好は、上の例の文のあと、「長くとも四十に足らぬほどにて死なんこそめやすかるべけれ（＝長くても四十にならないくらいで死ぬようなのが見苦しくないであろう）」と言っています。当人は七十くらいまで生きていたんですけどね。「長けれ」は形容詞のク活用の已然形です。

演習ドリル

次の各文の傍線部ⓐ〜ⓗの「ば」の用法を、仮定はA、原因理由はB、偶然条件はC、恒常条件はDの記号で答えよ。また、❶・❸・❹・❺・❻・❼を、口語訳せよ。

❶ 用（用事）ありて行きたりとも、そのこと果てなⓐば、とく帰るべし。　〔徒然草〕

❷ 石山（石山寺）にこもりたれⓑば、夜もすがら〔一晩中〕雨ぞいみじう降る。　〔更級日記〕

❸ 雨風やまねⓒば、なほ（依然として）同じ所にあり。　〔土佐日記〕

❹ 〈法然上人の言葉〉「疑ひながらも、念仏すれⓓば、往生す。」　〔徒然草〕

❺ 悪人のまねとて人を殺さⓔば、〈その人も〉悪人なり。

ヤマの解説
◆ 上が未然形か、已然形か？

❶のⓐは、上の「な」が、完了の助動詞「ぬ」の未然形です。これはちょっと難しいかもしれませんが、いずれにせよ、ア段音は必ず未然形だということを覚えておきましょう。「ば」はもちろん仮定です。
訳　用事があって行ったとしても、その用事が終わったら、早く帰るのがよい。

❷のⓑは、上が存続の助動詞「たり」の已然形です。「石山寺にこもっている（参籠している）」と、一晩中雨がひどく降った」のは、たまたまその時のことでしょうから、これは偶然条件です。

❸のⓒは、上の「ね」が打消の助動詞「ず」の已然形です。これは、「やまないので」で、原因理由でしょう。
訳　雨風がやまないので、依然として同じ所にとどまっている。

❹のⓓは、上がサ変動詞「す」の已然形です。浄土宗の法然の考えでは、「南無阿弥陀仏」と念仏を唱えれば必ず往生するから、これは恒常条件です。
訳　疑いながらでしょうとあっても、念仏を唱えれば必ず往生する。

❺のⓔは、上がサ行四段動詞「殺す」の未然形です。ア

❻老いぬれ**ば**　さらぬ別れ（避けられない別れ＝死別）のありといへ**ば**　いよいよ見まく　ほしき（いっそう会いたい）君かな

[徒然草]
[古今集]

❼今は亡き人なれ**ば**、かばかり（これほど）のことも忘れがたし。

[徒然草]

❺	❶
❻	❷
❼	❸
❽	❹

訳　悪人のまねだといって人を殺したら、その人も悪人である。

段音ですね。これは**仮定**です。

❻の❻の上は、完了の助動詞「ぬ」の**已然形**、❼の上は、ハ行四段動詞「いふ」の**已然形**です。❻は「…ので」の**原因理由**です。❼は「…と必ず」の**恒常条件**、❼は「…ので」の**原因理由**でしょう。

訳　年をとってしまうと必ず避けられない別れがあるということなので、いっそう会いたいと思うあなたですよ。

❼の❽は、上が断定の助動詞「なり」の**已然形**です。忘れがたいのは、その人がもういないからなのでしょうから、**原因理由**でしょう。

訳　今はもうこの世にいない人であるので、これほどのことも忘れがたい。

答

❶＝A　❺＝B
❷＝C　❻＝B
❸＝B　❼＝A
❹＝D　❽＝B

18 接続助詞「が」「に」「を」の用法

接続 連体形に接続する。

①単純な接続

訳 …が／…と／…(た)ところ

例 長門の前司といふ人の女、二人ありけるが、姉は人の妻にてありける。〔宇治拾遺物語〕
訳 長門の前司という人の娘は、二人あったが、姉は人の妻であった。

例 寄りて見るに、筒の中光りたり。〔竹取物語〕
訳 近寄って見ると、筒の中が光っている。

②逆接

訳 …のに／…が／…けれども

例 めでたくは書きて候ふが、難少々候ふ。〔古今著聞集〕
訳 上手には書いてありますが、欠点が少々あります。

例 神無月のつごもりなるに、紅葉散らで盛りなり。
訳 神無月の末なのに、紅葉散らないで盛りである。

ヤマを講義 ①

「が」イコール逆接ではない！

「が」は、口語では逆接のイメージが強いのですが、上の『宇治拾遺物語』の例のように、単純な接続を表すこともあり、必ずしも逆接の感覚ばかりではありません。

もうひとヤマ

格助詞との混同に注意！

「が・に・を」は、いずれも「格助詞」もあります。混同しないように気をつけましょう。

▼格助詞「が・に・を」の例
- が……それ(その男)が歌ふ舟歌。
   竹取が家。
- に……片田舎に住みけり。
   大人になりにければ、
- を……魚を食ふ。
   松原を行く。

訳 十月の末であるのに、紅葉はまだ散らないで盛りである。
　　　　　　　　　　　　　　　　　　　　　　　　［更級日記］

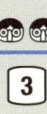

③ 原因・理由

訳 …ので
　 …から

例 明日は物忌みなるを、門つよく鎖させよ。　　［蜻蛉日記］
訳 明日は物忌みの日であるから、門をしっかりしめさせよ。

例 「はや舟に乗れ、日も暮れぬ」といふに、乗りて渡らんとす。　　　　　　　　　　　　　　　　［伊勢物語］
訳 「早く舟に乗れ、日も暮れてしまう」というので、乗って渡ろうとする。

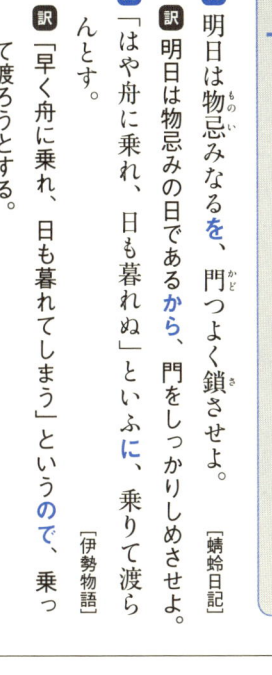

もうひとヤマ 「に」の識別がポイント！

接続助詞「が・に・を」は、いずれも文を解釈していく上ではたいへん重要なのですが、質問の対象になりやすいのは、「に」の識別の問題です。

▼「に」の識別（130ページ）

① 完了の助動詞「ぬ」の連用形の「に」
② 断定の助動詞「なり」の連用形の「に」
③ 格助詞「に」（格助詞「にて」の一部）
④ **接続助詞「に」**
⑤ 形容動詞の連用形語尾
⑥ ナ変動詞の連用形語尾
⑦ 副詞の一部

ヤマを講義 ③

「が」は原因理由の用法なし！

③の原因・理由の用法がありません。

「が」には、③の原因・理由の用法がありません。そもそも、「が」が接続助詞として用いられるようになったのは、平安末期から鎌倉時代になってからで、平安中期の『源氏物語』や『枕草子』のころまでの作品に出てくる「が」は、すべて**格助詞**です。

演習ドリル

次の各文の傍線部ⓐ〜ⓘの「が・に・を」の用法を、単純な接続はA、逆接はB、原因理由はCの記号で答えよ。接続助詞でなく格助詞の場合はDの記号を記せ。また、❶・❻・❽・❾を口語訳せよ。

❶ 涙落つとも覚えぬⓐに、枕浮くばかりⓑになりにけり。 〔源氏物語〕

❷ ししこらかしつる（病気をこじらせた）時はうたてはべる（やっかいでございます）ⓒを、とくこそ（早く祈禱を）試みさせ給はめ。 〔源氏物語〕

❸ 木曽〈義仲〉は依田城にありけるⓓが、これを聞いて依田城を出でて三千余騎で馳せ向かふ。 〔平家物語〕

❹ あまりに憎きⓔに、その法師ⓕをばまづ斬れ。 〔平家物語〕

❺ 八重桜は〈昔は〉奈良の都にのみありけるⓖを、このごろぞ世に多くなりはべるなる（多くなったということでございます）。 〔徒然草〕

◆ ヤマの解説

格助詞は「が・に・を」のままでOK!

❶のⓐは、「涙が落ちるとも思われない」と、「（涙で）枕が浮くほどになってしまった」の境い目にありますから、これは逆接でしょう。
❶のⓑは、「枕が浮くほどになる」と、「に」のままでOKで、これは格助詞の「に」です。
訳 涙が落ちるとも思われないのに、枕が浮くほどになってしまった。

❷のⓒの「を」は、原因理由です。「病気をこじらせるとやっかいでございますから、早く（病気平癒の）祈禱を試みさせなさるのがよいでしょう」です。

❸のⓓの「が」は、訳は「いたが」ですが、逆接ではなく、単純な接続です。

❹のⓔの「に」は、「あまりに憎らしいので」で、原因理由です。
❹のⓕの「を」は、「その法師を斬れ」で、「を」のままでOKで、格助詞の「を」です。

❺のⓖの「を」は、「八重桜は〈昔は〉奈良の都にだけあった」のだが、しかし「今は…」という対比ですから、逆接です。

102

❻法蔵(宝蔵)の破れて(壊れて)はべる❼に、修理してたまはらむ。
　　　　　　　　　　　　　　　　　　　［十訓抄］

❼〈水車を〉結ひて(作って)まねらせたりけるが、思ふやうにめぐりて(思いどおりにまわって)、
　　　　　　　　　　　　　　　　　　　［徒然草］

❽あやしがりて見るに、鉢の中に文(手紙)あり。
　　　　　　　　　　　　　　　　　　　［竹取物語］

❾自害せんとしけるが、生け捕りにこそせられけれ。
　　　　　　　　　　　　　　　　　　　［平家物語］

a	e	i
b	f	j
c	g	k
d	h	l

答

ⓐ＝B　ⓔ＝C　ⓘ＝A　
ⓑ＝D　ⓕ＝D　ⓙ＝A　
ⓒ＝C　ⓖ＝B　ⓚ＝D
ⓓ＝A　ⓗ＝C　ⓛ＝B

訳 ❻の「ⓗに」は、**原因理由**で、「…ので」。宝蔵が壊れておりますので、修理していただきたい。
❼の「ⓘが」は、作った水車は、思い通りに回った・・・ですから、逆接ではなく、「水車を造ってさしあげたところ」で、**単純な接続**です。
❼の「ⓙの」も、「見てみると」・「見てみると」。
❽の「ⓚに」のままでOKですから、これは**格助詞**です。
訳 ふしぎに思って見てみると、鉢の中に手紙がある。
❾の「ⓛが」は、「自害しようとした」ことと、「生けどりにされた」ことの、**逆接**の関係です。
訳 自害しようとしたが、生け捕りにされた。

103

19 係り結びのきまり・結びの省略と流れ

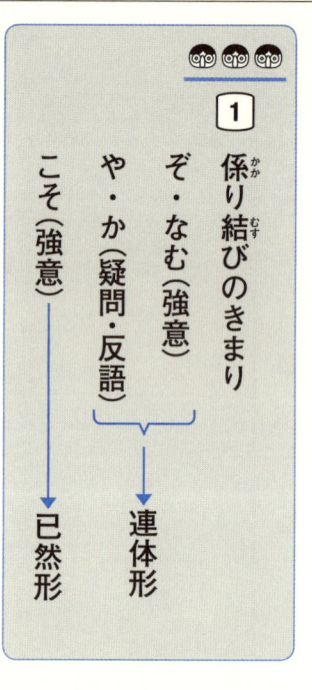

接続 体言・連体形・副詞・助詞など種々の語に接続する。

1 係り結びのきまり

- ぞ・なむ（強意）
- や・か（疑問・反語） → 連体形
- こそ（強意） → 已然形

例 山里は　冬ぞさびしさ　まさりける
訳 山里は冬が特に寂しさがまさることだ。
〔古今集〕

例 いづれの山か天に近き。
訳 どの山が天に近いか。
〔竹取物語〕

例 火などに逃ぐる人は、「しばし」とや言ふ。
訳 火事などで逃げる人は、「ちょっと待て」と言うだろうか、いや言ったりはしないだろう。
〔徒然草〕

ヤマを講義 1

結びの語の活用語の判断が大切！

「係り結び」は、入試レベルでも超頻出です！質問形式としては、結びの語の指摘、結びの形に活用させて入れる空欄問題などいろいろですが、いずれにしても、用言（動詞・形容詞・形容動詞）の活用、助動詞の活用ができているかどうかにかかっていますから、しっかり勉強しましょう。

もうひとヤマ 疑問詞も係り結びになる！

係助詞「ぞ・なむ・や・か・こそ」だけでなく、「など・いかで・いかが・いかに」などの、**疑問・反語の副詞**も、**連体形で結ぶ**「係り結び」を作ります。

例 いかがつかまつるべき。
訳 どういたしましょうか。
〔平家物語〕

104

例 世は定めなきこそいみじけれ。 [徒然草]
訳 この世は無常であるからこそすばらしいのだ。

2 結びの省略

例 たれもかくおぼゆるにや（あらむ）。 [徒然草]
訳 だれもがこのように感じるのであろうか。

例 いづれの御時にか（ありけむ）、 [源氏物語]
訳 どの天皇様の御代であっただろうか、

例 たびたび強盗にあひたるゆゑに、この名をつけにけるとぞ（いふ）。 [徒然草]
訳 たびたび強盗にあったために、この（強盗の法印という）名をつけたということだ。

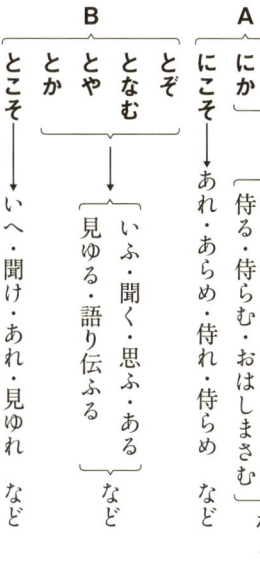

3 結びの流れ（消滅・消去）

例 白き犬を愛して、なむ飼はせ給ひければ、 [宇治拾遺物語]
　　　　　　　　　　↓流れ
訳 白い犬を愛して、飼っていらっしゃったので、

---

2 ヤマを講義　省略のパターンを覚える！

結びの省略には、上に**断定の助動詞「なり」**の連用形の「に」がある形と、**格助詞「と」**がある形の、二つのパターンがあります。

A
- にや
- にか ┐
- にこそ ┴→ ある・あらむ・ありけむ
　　　　　　侍る・侍らむ・おはしまさむ
　　　　　　あれ・あらめ・侍れ・侍らめ　など

B
- ぞ
- となむ ┐
- とや　 ┴→ いふ・聞く・思ふ・ある
- とか　　　 見ゆる・語り伝ふる　など

- とこそ→ いへ・聞け・あれ・見ゆれ　など

3 ヤマを講義　流れの指摘の質問は少ない！

上の『宇治拾遺物語』の 例 は、本来なら、「飼はせ給ひける」と連体形で結ぶところですが、「ば」に続けるために已然形の「けれ」を用いてしまったので、結びがなくなった形です。これを**「結びの流れ」**といいますが、結びの流れを説明させる問題は、あまりありません。

演習ドリル

1 次の各文の〔 〕の中の語を、適当な形に活用させて答えよ。

❶ 駿河の国にあるなる（あるという）山**なむ**、この都も近く、天も近く〔**侍り**〕。
〔竹取物語〕

❷ 相模守時頼の母は、松下の禅尼と**ぞ**申し〔**けり**〕。
〔徒然草〕

❸ 折節（季節）の移り変はる**こそ**、ものごとに〔何事につけても〕〔**あはれなり**〕。
〔徒然草〕

❹ 蓑笠**や**〔**あり**〕。貸し給へ。
〔徒然草〕

❺ などか今まで参り給はざり〔**つ**〕（どうして今まで参上なさらなかったのか）。
〔枕草子〕

❻ それをば、**いかが**つかまつる〔**べし**〕（どういたしましょうか）。
〔平家物語〕

❹	❶
❺	❷
❻	❸

---

1 ヤマの解説

◆ 結びの語を活用させられるかが勝負！

❶ は、「なむ」の結びですから連体形が必要です。「侍り」はラ変動詞です。

❷ は、「ぞ」の結びですから連体形が必要です。「けり」は過去の助動詞。

❸ は、「こそ」の結びですから已然形が必要です。「あはれなり」はナリ活用の形容動詞。

❹ は、「や」の結びですから連体形が必要です。「あり」はラ変動詞です。

❺ は、「か」の結びですから連体形が必要です。「つ」は完了の助動詞。疑問詞の「など」もあります。

❻ は、疑問詞「いかが」による係り結びで、結びは連体形です。

◆ 疑問詞の結びも連体形！

答
❶＝侍る ❷＝ける ❸＝あはれなれ
❹＝ある ❺＝つる ❻＝べき

2 次の各文の〔 〕に省略されている語句を補え。

❶ この殿の御心、さばかりにこそ〔　　　　〕（それほどのものであるのだろう）。　［徒然草］

❷ 一人歩かむ身は（一人歩きをするような者は）心すべきことにこそ〔　　　　〕（気をつけなければならないことである）。　［徒然草］

❸ いかなる心ある人にか〔　　　　〕（どのような思慮深い人であろうか）。　［更級日記］

❹ かくなむ語り伝へたるとや〔　　　　〕（このように語り伝えているとかいうことだ）。　［今昔物語集］

❺ 飼ひける犬の、暗けれど主（自分の主人）を知りて飛びつきたりけるとぞ〔　　　　〕（飛びついてきたという ことだ）。

❻ （私のようなものが宮中に参りますのは）いとはばかり多くなむ〔　　　　〕（たいそう遠慮が多うございます）。　［源氏物語］

❶	❷	❸
❹	❺	❻

◆ 2 係助詞の上が「に」か「と」か?

❶は「…にこそ〔あらめ〕」のパターン。「であるのだろう・」の訳の部分に相当します。

❷も「…にこそ」ですが、「である」の訳には推量がありませんから、これは「…にこそ〔あれ〕」のパターンです。

❸は「…にか〔あらむ〕」のパターン。「であるのだろう・か」の訳に相当します。

❹は「…とや〔いふ〕」のパターンです。「とかいうこと・だ」の訳に相当します。「ことだ」は補ってあるだけです。

❺も「…とぞ〔いふ〕」のパターンです。❹も❺も、「聞く」でも「入りますし、「語り伝ふる」でも入らなくはありません。

❻は、上に「に」も「と」もありませんが、訳の「ございます」という丁寧語の省略にあたりますから、「侍り」の連体形がほしいところです。

答
❶＝あらめ　❷＝あれ
❸＝あらむ　❹＝いふ
❺＝いふ　❻＝侍る

20 解釈を問われる係り結び

1
やは
かは
→ 連体形 ＝ 反語

訳 …だろうか、いや…ない

例 あはれと**やは**思ふ。
訳 ああ悲しいと思う**だろうか**、いや思いはしない。 〔徒然草〕

例 花はさかりに、月はくまなきをのみ見るもの**かは**。
訳 桜の花は満開の時だけを、月は曇りなく照っている時だけを見るものだろうか、いやそうではないだろう。 〔徒然草〕

2
こそ → 已然形、…… ＝ 逆接で下へ
訳 …が。…けれども。…のに

ヤマを講義 ① 質問されていれば反語！

「や・か」は、疑問か反語かですが、そこに、同じ係助詞の「は」がついて、「やは・かは」になると反語になります。百パーセントではありませんが、質問の対象になっていれば、反語の可能性が高いと考えていいでしょう。

もうひとヤマ 文末の「やは・かは」も反語！

「やは・かは」は、上の『徒然草』の 例 のように、結びの省略があるわけでもなく、文末で用いられることがあります。その場合も、反語であることは変わりません。

108

例 中垣**こそ** **あれ**、一つ家のやうなれば、 〔土佐日記〕
訳 間に垣根は**あるけれども**、一軒の家のようなものであるから、

例 品・かたち**こそ**生まれつきたら**め**、心はなどか賢きより賢きにも移さば移らざらん。 〔徒然草〕
訳 身分や容貌はたしかに生まれつきであろう**が**、心はどうして賢いが上にも賢いように移せば移らないことがあろうか。

3
もぞ → 連体形
もこそ → 已然形
= 不安・心配

訳 …したら大変だ。…したら困る

例 雨**もぞ**降**る**。 〔徒然草〕
訳 雨が降っ**たら困る**。

例 烏など**もこそ**見つく**れ**。 〔源氏物語〕
訳 烏などが見つけ**たら大変だ**。

---

2 ヤマを講義 **已然形の後が「、」なら逆接！**

上の『土佐日記』の例の「こそあれ」、『徒然草』の例の「こそ…め（推量の助動詞のラ変の已然形）」は、いずれも「こそ…已然形」の係り結びは、流れているのではなく、「こそ…已然形」成立しているのですが、「、」で下へ続いています。このような場合は、「。」の下へ、逆接で文を続けます。

3 ヤマを講義 **「もぞ・もこそ」はタイヘンだ！**

強意の「ぞ」「こそ」の上に、やはり同じ係助詞の「も」がついて、「もぞ」「もこそ」になると、**不安や心配**の雰囲気で、「**…したら大変だ**」とか、「**…したら困る**」のように訳します。

上の『源氏物語』の例は、「若紫」の巻で、童女が逃がしてしまった雀の子の行方を心配している、女房のせりふです。

演習ドリル

次の各文の傍線部を口語訳せよ。

❶ 誰かは思ひ出でむ。　　　　　　　　　　　　[枕草子]

❷ よき人（教養のある人）は、知りたることとて、さのみ知り顔（物知り顔）にやは言ふ。　　[徒然草]

❸ 命（寿命）は人を待つものかは。　　　　　　[徒然草]

❹ 昨日こそ　早苗取りしか　いつのまに　いなばそよぎて　秋風ぞ吹く　　[古今集]

❺ 春の夜の　闇はあやなし（道理のわからないやつだ）　梅の花　色こそ見えね　香やは隠るる　　[古今集]

ヤマの解説

◆「やは・かは」は反語！

❶ 訳　「む」は推量の助動詞です。誰が思い出すだろうか、いや誰も思い出したりはしないだろう。

❷ 訳　「さ」は「そのように」。そのように物知り顔で言うだろうか（いや、言わないものである）。

❸ 訳　無常（死）の訪れがたいことを言っています。命は人を待つものだろうか（いや、待ってはくれない）。

◆「こそ…已然、…」は逆接で下へ！

❹ 訳　「早苗」は、苗代から田んぼに移し植えるころの稲の苗のことです。「取る」は、苗を苗代から取って田植えをすることです。
つい昨日、早苗を取って田植えをした（ばかりだと思っていた）のに、

❺ 訳　「こそ…ね（打消の已然形）」と「やは」と、二つのポイントがあります。
色はたしかに見えないけれど、香りは隠れるであろうか（いや、隠れはしないではないか）。

❻ このごろの世は（近ごろの世の中では）、十七、八よりこそ経よみ行ひ（仏前の勤行）もすれ、さること思ひかけられず（私はそんなことは思いもよらなかった）。　　　［更級日記］

❼ 人**もこそ**見れ、とそら恐ろしう思はれけれぱ、　　　［平家物語］

❽ 遅れて来る人**もぞ**ある。　　　［宇治拾遺物語］

❾ 玉の緒よ　絶えなば絶えね（我が命よ絶えるなら絶えてしまえ）ながらへば（生きながらえていると）忍ぶること（忍び隠している恋心）の　弱り**もぞ**する　　　［新古今集］

◆「もぞ・もこそ」は不安！

❻ 訳 十七、八歳のころから仏前で読経したり経を読んだり仏前での勤行をしたりもするが、

「行ひ」は、仏前で読経したりすることです。

❼ 訳 は、下の「そら恐ろしう思はれけれぱ」からも不安感がわかるでしょう。

❽ 訳 人が見たら（人に見られたら）大変だ。

は、「…たら困る」のほうがいいでしょう。

❾ 訳 遅れてくる人があったら困る。

❾ 訳 「弱りもぞする」は、直訳すれば「弱ると困る」というわけのことですが、この部分は、「玉の緒よ絶えなば絶えね」と思う「理由」になっていますから、弱るとどうなるから困るのかを考えたいところです。

訳 忍び隠している恋心が弱ってしまって、思いがあらわになると困るから。

タイヘンだ！

21 副助詞「だに」「すら」「さへ」の用法

接続 体言・連体形・助詞などの種々の語に接続する。

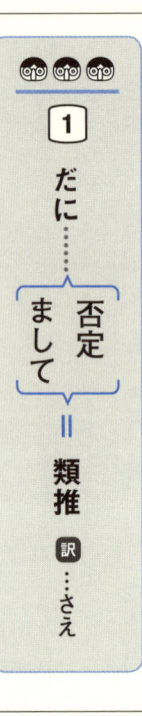

1 だに……否定 まして = 類推 訳 …さえ

例 蛍ばかりの光だになし。〔竹取物語〕
訳 蛍ほどの光さえない。

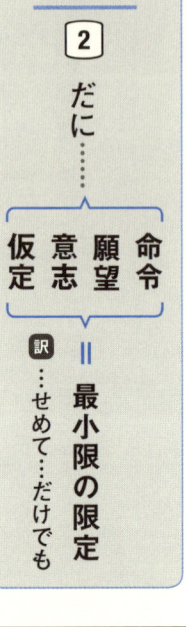

2 だに……命令／意志／願望／仮定 = 最小限の限定 訳 …せめて…だけでも

例 散りぬとも 香をだに残せ 梅の花 恋しきときの 思ひ出にせむ 〔古今集〕
訳 散ってしまったとしても、せめて香りだけでも残せ、梅の花よ。恋しい時の思い出にしよう。

ヤマを講義 1 程度の重いものを類推させる！

「だに」は、上の『竹取物語』の例の「蛍ばかりの光」のように、**程度の軽いもの**を示して、「ましてもっと明るい光はない」のように、**程度の重いものを否定的に類推させる**用法です。「まして（まいて）～」の類推にあたることが、文中に書かれていることもあります。

ヤマを講義 2 解釈を問われる限定の「だに」！

この形は、下に、**命令形、願望の終助詞、意志（希望）の助動詞、仮定（未然形＋ば）**を伴って、「せめて…だけでも…せよ」「せめて…だけでも…してほしい」「せめて…だけでも…しよう」「せめて…だけでも…ならば」のように訳す形です。解釈の問題で質問されやすいの

例 命にも 心にかなふ ものならば 何か別れの 悲しからまし
訳 せめて命だけでも思いのままになるものならば、どうして別れが悲しいだろうか。
[古今集]

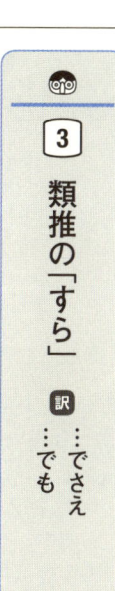

3 類推の「すら」
訳 …でさえ
　　…でも

例 言問はぬ 木すら妹と兄 ありとふを ただ独子に あるが苦しき
訳 ものを言わない木でさえ妹と兄があるというのに、自分が一人っ子であるのがつらいことだ。
[万葉集]

4 添加の「さへ」
訳 …までも

例 日は暮れかかりて、いともの悲しと思ふに、時雨さへうちそそぐ。
訳 日は暮れかかって、たいそうもの悲しいのに、その上時雨までも降ってくる。
[十六夜日記]

で、下にある命令・願望・意志・仮定のポイントを見逃さないようにしましょう。

上の『古今集』の二つの 例 の、「残せ」は「残す」の命令形、「ならば」は断定の「なり」の未然形＋「ば」の仮定の例です。

ヤマを講義 3
「すら」の質問はほとんどない！

「すら」は、甚しい例、特殊な例、既定の事実などをあげて「そのようなものでさえ」といった気持を示して、何かを類推させますが、「だに」のように質問されることはほとんどありません。

ヤマを講義 4
「さへ」は「さえ」と訳さない！

「さへ」は、「(その上)…までも」という「添加」のことばで、「…さえ」と訳さないことが肝要です。

演習ドリル

次の各文の傍線部を、口語訳せよ。

❶ 深山(山深いこの里)には　松の雪だに　消えなくに　都は野辺の　若菜摘みけり　〔古今集〕

❷ 古き塚(墓)は鋤かれて(鋤で掘り返されて)田となりぬ。その形(あとかた)だになくなりぬるぞかなしき。〔徒然草〕

❸ 〈女が漢籍を読むものではない。〉昔は経読むをだに人は制しき。〔紫式部日記〕

❹ われに今ひとたび声をだに聞かせ給へ。〔源氏物語〕

❺ 〈かぐや姫の家の人に〉ものをだに言はむ。〔竹取物語〕

◆ ヤマの解説

> 類推の「だに」は「…さえ」!

❶ まだ雪もとけない「深山」に相対するものは、もうすっかり雪もとけて若菜を摘んでいる「都」で、類推の内容は歌われています。

【訳】山深いこの里では(まだ)松の枝の雪さえ消えていないのに、

❷ 類推させたいことは、「まして」その墓の主が誰であったかを知る人が誰もいなくなってしまうのは悲しい、ということです。

【訳】そのあとかたさえなくなってしまうのは悲しいことだ。

❸ 紫式部は、父が漢学者だったこともあって、幼いころから漢籍に興味をもったのですが、「真名(漢字)」「まして」は男文字、「仮名」は女文字という時代のことです。「まして」女が漢籍(漢文の書物)を読むことなどもってのほか、ということです。

【訳】昔は(女が)経を読むことさえ、人は止めたものである。

> 限定は「せめて…だけでも」!

❹ 「だに…給へ」の「給へ」は尊敬語で、四段動詞の命令形ですから、これは限定の「だに」です。「せ」は使役の助

❻ 夢をだに見ばや。　［源氏物語］

❼ 賤(いや)しき田夫(農夫)すら、仏の御法(みのり)(教え)を信じて、一子の死を悲しますず。　［今昔物語集］

❽ 〈帝と桐壺(きりつぼ)の更衣(こうい)の間には〉世になく清らなる(世にまたとないほど美しい)玉の男皇子(をのこみこ)さへ生まれ給ひぬ。　［源氏物語］

◆「すら」は「でさえ・でも」！

❺ 「だに…む」の「む」は意志の助動詞ですから、これも限定の「だに」です。
訳 せめて声だけでもお聞かせください。

❻ 「だに…ばや」の「ばや」は、自己の願望を表す終助詞で、これも限定の「だに」です。
訳 せめて夢だけでも見たいものだ。

❺ 「だに」の「だに」です。
訳 せめて一言だけでも何か言おう。

❼ 「すら」も類推です。「まして」賤しい田夫でない、それ相応の身分のある人はなおさら…ということを言いたいわけです。
訳 身分の低い農夫でさえ、仏の教えを信じて、子供の死を悲しんだりしない。

◆「さへ」は「…までも」！

❽ は、95ページの比喩の「の」のところでも用いた例文です。「玉のような」のように訳します。
訳 玉のような男の皇子までもお生まれになった。

22 願望の終助詞

接続
ばや……未然形に接続する。
なむ……未然形に接続する。
がな・もが・他……体言、形容詞・形容動詞型活用語の連用形、助詞などに接続する。
てしか・にしか・他……動詞の連用形に接続する。

1 ばや（自己の願望）
訳 …したい

例 今井（兼平）の行くえを聞かばや。
訳 今井（兼平）の行くえを聞きたい。
[平家物語]

例 別当入道の庖丁さばきを見ばや。
訳 別当入道の庖丁さばきを見たいものだ。
[徒然草]

2 なむ（他にあつらえ望む願望）
訳 …てほしい
…てくれないかなあ

例 いつしか梅咲かなむ。
訳 早く梅が咲いてほしい。
[更級日記]

例 惟光、とく参らなむ。
訳 惟光が、早く参ってくれないかなあ。
[源氏物語]

ヤマを講義 1
「ばや」は自分が「…したい」！

「ばや」は、自分が「…したい」願望です。
未然形＋接続助詞「ば」＋係助詞「や」の「…ばや」と混同しないようにしましょう。

例 折らばや折らむ…白菊の花
訳 折るならば折ろうか…白菊の花よ。
[古今集]

ヤマを講義 2
「なむ」は「…してほしい」！

「なむ」は、「ばや」とは違い、自分ではない誰か、あるい

3 がな・もが・もがな・もがも
てしか・てしがな・にしか・にしがな
（詠嘆的願望）

訳 …たいものだ
…があってほしいものだ
…があったらなあ

例 心あらむ友もがな。
訳 情趣を解する友があってほしいものだ。 〔徒然草〕

例 あっぱれ、よからう敵がな。
訳 ああ、よい敵がほしいものだ。 〔平家物語〕

例 いかでこの在五中将にあはせてしがな。
訳 なんとかしてこの在五中将に会わせてたいものだ。 〔伊勢物語〕

例 いかで、心として死にもしにしがな。
訳 なんとかして、思い通りに死んでしまいたいものだ。 〔蜻蛉日記〕

は、何かに対して、「…してほしい」とあつらえ望む願望です。願望の終助詞の「なむ」の識別問題でも、そこが判断のポイントです。

▼「なむ」の識別（138ページ）
① **願望の終助詞「なむ」**…未然形につく。
② 強意の係助詞「なむ」…係り結びをつくる。
③ 強意の助動詞「ぬ」の未然形「な」＋推量・意志の助動詞「む」…連用形につく。

ヤマを講義 ③
詠嘆的願望のグループ

本来の願望の意がある「が」に、強意の「も」や、詠嘆の「な」などがついた、「**がな・もが・もがな・もがも**」グループは、「…がほしい。…があってほしい。…があったらなあ」のように訳します。

一方、完了の助動詞の連用形「て・に」に、過去の助動詞の連体形「し」、願望の「がな」などがついた、「**てしか・てしがな・にしか・にしがな**」グループは、「…したいものだ」のように訳します。

どちらも、実現性が比較的乏しいことに対する、詠嘆的な願望を表します。

演習ドリル

次の各文の傍線部を口語訳せよ。

❶ ほととぎすの声たづねに行か**ばや**。　　［枕草子］

❷ 世の中に物語といふもののあんなる（あるというの）を、いかで見**ばや**と思ひつつ、　　［更級日記］

❸ 〈けがをした犬に〉ものの手（手当て）を**せさせばや**。　　［枕草子］

❹ はや夜も明け**なむ**。　　［伊勢物語］

❺ いつしか（早く）出でさせ給は**なむ**。　　［枕草子］

◆ ヤマの解説

◆「ばや」は自分が「…したい」！

❶ の「たづぬ」は「探し求める」意ですが、そのままでOKです。
【訳】たづねに行きたい。

❷ の「いかで」は、「なんとかして。どうにかして」。
【訳】なんとかして見たい（ものだ）

❸ の「せさせ」は、「せ」はサ変動詞の未然形で、「させ」は使役の助動詞「さす」の未然形です。
【訳】手当てをさせたい。

◆「なむ」は誰かに「…してほしい」！

❹ の「明け」は下二段動詞ですから、未然形とも連用形ともいえますが、上に「はや（＝早く）」がありますから、未然形＋願望の「なむ」と見ます。
【訳】早く夜が明けてほしい。

❺ の「させ」は尊敬の助動詞で、最高敬語になっています。
【訳】早くお出になってほしい。

❻ には、「**だに…なむ**（願望）」で「せめて…だけでも…」と訳すポイントもあります。
【訳】せめて一重だけでも散らずに残ってほしい。

118

❻ わが宿（私の家）の　八重山吹は　一重だに　散り残らなむ　春の形見に　[拾遺集]

❼ いかで（なんとかして）このかぐや姫を得てしがな、見てしがな。　[竹取物語]

❽ 世の中に　避らぬ別れ（避けられない別れ＝死別）の　なくもがな　[伊勢物語]

❾ 君が行く　道の長手を　繰り畳ね（あなたが旅立って行く長い道をたぐり寄せ、たたんで）　焼きほろぼさむ　天の火もがも　[万葉集]

◆ 詠嘆的願望は状況に応じた訳し方を！

❼ の「得」は「手に入れる。自分のものにする」。「見る」はそのままでOKですが、「妻とする。夫婦となる」意もありますから、「妻にしたいものだ」と訳せなくはありません。

訳 手に入れたいものだ、見てみたいものだ。

❽ は形容詞の連用形に接続している例です。

訳 なければいいのになあ。

❾ あなたが行けなくなってしまうようにしたいという気持ちを歌っています。直前の「む」は婉曲です。「天の火」はそのまま「天の火」でOK。

訳 天の火があったらなあ（あればいいのに）。

読みのヤマ単 ❸ 調度・生活用品のベスト20

大殿油 読 おおとなぶら(おほとなぶら)。 意 宮中や貴族の家で灯す灯火。

折敷 読 おしき(をしき)。 意 食べ物をのせるための角盆。

土器 読 かわらけ(かはらけ)。 意 素焼きの陶器。

几帳 読 きちょう(きちやう)。 意 室内の仕切りや隔てに用いた移動式のカーテン。

牛車 読 ぎっしゃ。 意 牛にひかせた車。普通は四人乗り。

砧 読 きぬた。 意 布を柔らかくしたりつやを出したりするために打つ、木の槌と台。

脇息 読 きょうそく(けふそく)。 意 座る時に用いるひじ掛け。

紙燭 読 しそく。 意 松の枝の持ち手に紙を巻いた照明具。

双六 読 すごろく。 意 盤を用いる室内遊具。

炭櫃 読 すびつ。 意 囲炉裏。部屋におく角火鉢。

松明 読 たいまつ。 意 松・竹・芦などを束ねた照明具。

薫物 読 たきもの。 意 香木の粉を練り合わせて作ったお香。

銚子 読 ちょうし(てうし)。 意 酒を入れて杯に注ぐ、長い柄のついた器。

火桶 読 ひおけ(ひをけ)。 意 木製の丸火鉢。

伏籠 読 ふせご。 意 伏せておいて上に衣服をかける籠。中に香炉や火鉢を置き、香をたきしめたり暖めたりする。

瓶子 読 へいじ。 意 酒を入れる器。とっくり。

御簾 読 みす。 意 宮中や貴族の邸などのすだれ。

泔坏 読 ゆするつき。 意 整髪に用いる湯水を入れる器。

破籠 読 わりご。 意 食べ物を入れる折り箱。

円座 読 わろうだ(わらふだ)。 意 わらやすげなどを渦巻き状に編んだ円形の座ぶとん。

PART 6

識別のヤマのヤマ

**識別問題は超頻出！
BEST3は「なり・に・なむ」！**

「なり」「に」「なむ」がベスト3
「ぬ」「ね」「し」「せ」「る」「れ」「らむ」で
ベスト10
ポイントは、やはり助動詞と用言だ！
どれくらい判断できるか？
もう一度、用言・助動詞の力を確かめよう。

23 「なり」の識別(1) 伝聞・推定か、断定か？

①伝聞・推定の助動詞
訳 …ようだ／…だそうだ／…とかいうことだ

基本形	未然	連用	終止	連体	已然	命令
なり	○	なり	なり	なる	なれ	○

接続
終止形につく
〔ラ変型活用語（ラ変動詞・形容詞・形容動詞）及び同型活用の助動詞〕には連体形につく

例 男もす なる 日記といふものを、
[土佐日記]
訳 男も書く とかいう 日記というものを、

例 駿河の国に ある なる 山なむ、この都にも近く、天も近く侍る。
[竹取物語]
訳 駿河の国にある とかいう 山が、この都からも近く、天も近うございます。

例 吉野 なる 夏実の川の 川淀に 鴨ぞ 鳴く なる 山

ヤマを講義 ①
終止形＋「なり」は伝聞・推定！

伝聞・推定の「なり」は終止形につきます。ですから、上の『土佐日記』の **例** のサ変動詞のように、「せ・し・す・する・すれ・せよ」と、終止形と連体形の形が明らかに違っているものにつく場合は問題ありません。カ変・ナ変・上二段・下二段などもそうです。

しかし、四段活用のように、終止形と連体形の形が同じものについている場合は、見かけ上は、伝聞・推定か、断定か、わからなくなります。

もうひとヤマ ラ変型活用語とは？

伝聞・推定の「なり」は、**ラ変型活用語には連体形につきます**から、その場合も、伝聞・推定か、断定かは、見かけ上わからないことになります。

ラ変型活用語は、ラ変動詞だけでなく、形容詞・形容動詞の補助活用、それに、ラ変・形容詞・形容動詞型に活用する助動詞もそうですから、かなりあります。

122

訳 吉野にある夏実の川の川の淀みで鴨が鳴いているようだ、山かげで。　［万葉集］

例 さては、扇のにはあらで、海月のな（ん）なり。　［枕草子］
訳 さては（その骨は）扇の骨ではなくて、海月の骨であるようだ。

② 断定・存在の助動詞
訳 …だ／…である／…にある

基本形	未然	連用	終止	連体	已然	命令
なり	なら	に／なり	なり	なる	なれ	なれ

接続　体言・連体形・助詞につく

例 吉野なる夏実の川　［万葉集］
訳 吉野にある夏実の川

例 女もしてみむとてするなり。　［土佐日記］
訳 女も書いてみようと思って書くのである。

例 海月のな（ん）なり。　［枕草子］
訳 海月のであるようだ。

もうひとヤマ　結びの「なり」は伝聞・推定！

終止形か連体形かが見かけ上わからない場合でも、上の『万葉集』の 例 のように、係り結びの結びの位置にある場合は、伝聞・推定です。推定の「なり」は聴覚に基づくという性質がありますから、山かげで鳴いている鴨の声もヒントになっています。

もうひとヤマ　「ん」の下の「なり」も伝聞・推定！

また、上の『枕草子』の 例 のように、「なんなり」「あんなり」「ざんなり」と、撥音の「ん」の下にある場合も、伝聞・推定です。これらは、「なるなり」「あるなり」「ざるなり」が音便化したものです。「ん」が表記されず、「ななり・あなり・ざなり」になることもあります。

ヤマを講義　② 体言・連体形＋「なり」は断定！

上の『万葉集』の 例 の「吉野」のように、体言（名詞）についていればズバリです。
『土佐日記』の 例 は、サ変の連体形についています。
『枕草子』の 例 は、助詞についています。連体形「なる」が撥音便「なん」になり、「ん」が表記されていない形です。

123

演習ドリル

次の各文の傍線部ⓐ〜ⓛの意味を、伝聞はA、推定はB、断定はC、存在はDの記号で答えよ。また、❷・❸・❺・❽を、口語訳せよ。

❶ 公世の二位の兄に(兄で)、良覚僧正と聞こえしⓐ申し上げた方)は、きはめて腹あしきⓑ(怒りっぽい)人ⓑなりけり。　　［徒然草］

❷ 世の中に物語といふもののあんⓑなるを、いかで(何とかして)見ばや。　　［更級日記］

❸ 「この十五日になむ、月の都より、かぐや姫の迎へにまうで来ⓒなる」。　　［竹取物語］

❹ 天の原　ふりさけ見れば　春日ⓓなる　三笠の山に　出でし月かも　　［古今集］

❺ 人々あまた(大勢)声して(声をたてながら)来ⓔなり。国守の太郎君(ご長男)のおはするⓕなりけり。

ヤマの解説

◆ 上が体言なら即、断定・存在!

❶のⓐは、上に名詞「人」ですから、**断定**。
❶のⓓは、上に地名「春日」で、「春日にある三笠の山」と訳しますから、これは、**存在**。
❻のⓖも、上に名詞「かたはら」。ここは、「かたわらである所」とも、「かたわらにある所」とも言えそうですが、場所を表しますから、ひとまず、**存在**としておきます。
❼のⓙは、上に名詞「継母」ですから、**断定**。

◆ 上が明らかに終止か連体なら即決!

❸のⓒの上の「まうで来」は、複合カ変の終止形です。意味は、**伝聞**。しかも、「なむ」の結びですね。
訳「この月の十五日に、月の都から、かぐや姫の迎えに参上するということだ」。
❺のⓔも、上の「来」はカ変の終止形で、これは**推定**。
❺のⓕは、上の「おはする」がサ変の連体形で、**断定**。
「声」という聴覚の要素もあります。
訳「人々が大勢声をたてながら来るようだ。国守のご長男がおいでになるのであった。
❼のⓚは、上の「下りし」の「し」が過去の助動詞「き」

❻聞けば、かたはらなる所〈隣の家〉に、先追ふ〈先払いする〉車止まりて、「荻の葉、荻の葉」と〈従者に〉呼ばすれど、答へざ**なり**。呼びわづらひて〈呼ぶのにも疲れて〉笛をいとをかしく〈趣深く〉呼きすまして、過ぎぬ〈行ってしまった〉**なり**。
　　[宇治拾遺物語]

❼継母**なりし**人は、宮仕へせしが〈宮仕えしていた人で〉下りし〈そのような人が、東国のような田舎に〉なれば、
　　　[更級日記]

❽秋の野に　人まつ〈「待つ」と「松」の掛詞〉虫の　声す**なり**
　　　　　　　　　　　　　　　　　　　　　　　　　　　　　　　　　　[古今集]

a	e	i
b	f	j
c	g	k
d	h	l

◆「ん」の下は伝聞・推定！

訳　秋の野に、人を待つ松虫の声がするようだ。

❽の❶は、上の「す」がサ変の終止形で、**推定**。聴覚の要素もあります。

❷の❶は、「あん〈ある＝ラ変の連体形〉なる」です。撥音の下ですから、ここは、**伝聞**。

訳　世の中に物語というものがあるというのを、何とかして見てみたい。

❻の❶「ざなり」は、「ざんなり」の「ん」が表記されない形です。ここは、**推定**。「答えないようだ」で、「声」がないという**聴覚の要素**。❻の❶は、「答へざなり」で返事がなかったことで、「過ぎ〈上二段の連用形〉ぬ〈完了の終止形〉なり〈**推定**〉」と、推定していると判断します。

答

a＝C　e＝B　i＝D
b＝A　f＝C　j＝C
c＝A　g＝D　k＝C
d＝D　h＝B　l＝B

24 「なり」の識別(2)

③ ナリ活用の形容動詞の語尾

基本形	語幹	未然	連用	終止	連体	已然	命令
あはれなり	あはれ	なら	なり/に	なり	なる	なれ	なれ

例 みの虫、いとあはれなり。
訳 みの虫は、たいそう感慨深い。
［枕草子］

例 泣くようすは、おぼろげならず。
訳 泣くようすは、並々でない。
［宇治拾遺物語］

例 まめやかなることども言ふ人々もあれど、耳にも立たず。
訳 まじめな忠告などを言ってくれる人たちもあるけれど、耳にも入らない。
［和泉式部日記］

ヤマを講義 ③ 形容動詞は一単語として覚える!

ナリ活用の形容動詞の活用語尾の場合は、上の例の場合などでも、これは、「あはれなり」「おぼろげなり」「まめやかなり」で一つの単語だとわかることが必須です。これらの「なり」をもし断定と考えると、「あはれ」「おぼろげ」「まめやか」は何ですか? とても体言(名詞)とは言えません。

もうひとヤマ 形容動詞か、体言+断定か?

① 上に「いと」などの連用修飾語をつけてみて、不自然でなければ、形容動詞。

いと ─┬─ ○あはれなり (形容動詞)
　　　└─ ×山なり (体言+断定)

② 上に「いみじき」などの連体修飾語をつけてみて、不自然であれば、形容動詞。

いみじき ─┬─ ×あはれなり (形容動詞)
　　　　　└─ ○山なり (体言+断定)

4 四段動詞（成る・生る・鳴る など）

未然	連用	終止	連体	已然	命令
なら	なり	なる	なる	なれ	なれ

訳 七日になった。まだ同じ港にいる。

例 七日になりぬ。同じ港にあり。　［土佐日記］

5 下二段動詞（慣る・萎る・熟る など）

未然	連用	終止	連体	已然	命令
なれ	なれ	なる	なるる	なるれ	なれよ

訳 誰もまだ都に慣れていない時分で、（源氏物語を）見つけることができない。

例 誰もまだ都なれぬほどにて、え見つけず。　［更級日記］

ヤマを講義 4　四段動詞「成（為）る」は頻出語！

四段動詞「成（為）る」は、「①変化する。変わる。②実現する。かなう。③（その時に）達する。至る。④（尊敬語）あそばす。いらっしゃる」などの意。

四段動詞「生る」は、「①生まれる。②（実が）なる」意。

ヤマを講義 5　下二段の「なる」の質問は少ない

下二段動詞「慣（馴）る」は、「①習慣になる。習熟する。なれる。②うちとける。なれ親しむ」意。

下二段動詞「萎る」は、「（衣服が、着なれて）しなやかになる。体になじむ」意。

下二段動詞「熟る」は、「（酒やすしなどが）熟成する」意。

演習ドリル

次の各文の傍線部ⓐ〜ⓟが、伝聞・推定の助動詞はA、断定・存在の助動詞はB、形容動詞の語尾はC、動詞はDの記号で答えよ。

❶ 鳥は、異所(外国)のものⓐなれど、鸚鵡いとあはれⓑなり。 〔枕草子〕

❷ さかり(年ごろ)にⓒならば、かたちもかぎりなくよく(容貌もこの上なく美しくなり)、髪もいみじく(たいそう)長く、ⓓなりなむ。 〔更級日記〕

❸ 人の心すなほⓔならねば(正直ではないから)、いつはりなきにしもあらず。 〔徒然草〕

❹ 八つになりし年、父に問ひて曰はく、「仏はいかⓕなるものにか候ふらん(仏とはどのようなものでございますか)」といふ。父が曰はく、「仏には人のⓖなりたるⓗなり」と。 〔徒然草〕

❺ 「奥山(山奥)に猫またといふものありて、人を食らふⓘなる」と人の言ひけるに(ある人が言ったところ)、「山ⓙならねども(これらにも(ここでも)猫の経あがりて(年をくって)、猫またにⓚなりて、人とる(人をとって

ヤマの解説

◆ まず断定と伝聞・推定を判断！

大事なのは、「断定」と「伝聞・推定」ですから、そこから片づけます。

❶ のⓐは、上が「もの」ですから、**断定**。

❹ のⓗは、上が完了の「たり」の連体形です。ラ変型活用語ですから、断定と伝聞・推定のどちらの可能性もありますが、ここはお父さんが子供に「なったのだ」と言っていると考えたいと思います。

❺ のⓘは、上が四段動詞「食らふ」ですから、終止形とも連体形ともいえますが、ここは「猫また」など、噂でしょうから、終止形＋**伝聞**でしょう。

❺ のⓙは、上が「山」ですから、**断定**。

❺ のⓛは、「あ(ん)なる」なので、**伝聞**。

❻ のⓜは、上が「御前」で、ここは、「御前にいる」ですから**存在**。

❻ のⓝは、上がサ変の終止形「奏す」ですから**推定**。「奏上するようだ」と、声がしているという**聴覚の要素もポイント**です。

❻ のⓞは、「はべり(ラ変の連用形)ぬ(完了の終止形)・・・なり」ですから、**推定**。「夜が明けたようです」。

食ふ）ことはあ **⓵ なる** ものを」と言ふ人ありける。

［徒然草］

❻ 夜 いたくふけぬれば（夜もたいそうふけたので）、御前（中宮様の御前）**ⓜ なる** 人々、一人二人づつ失せて（いなくなって）、……〈私が〉ただ一人、眠たきを念じて（がまんして）さぶらふに（ひかえていると）、「丑四つ（午前二時半ごろ）」と奏す **ⓝ なり**。「明けはべりぬ **ⓞ なり**」とひとりごつを（独り言を言うと）、……〈鶏が〉恐ろしう鳴きのしるに（鳴きさわぐので）、みな人起きなどしぬ **ⓟ なり**。

［枕草子］

ⓐ	ⓔ	ⓘ	ⓜ
ⓑ	ⓕ	ⓙ	ⓝ
ⓒ	ⓖ	ⓚ	ⓞ
ⓓ	ⓗ	ⓛ	ⓟ

◆ **あとは形容動詞か動詞！**

❷のⓒの「さかりになる」は、**動詞**。
❷のⓓの「長くなる」も、**動詞**です。
❹のⓖの「人の（＝が）なる」も動詞です。
❺のⓚの「猫またになる」も、動詞。
あとは、すべて**形容動詞の語尾**です。
❶のⓑの「あはれなり」・
❸のⓔの「すなほなり」・
❹のⓕの「いかなる」・

これらは、一単語であるということがわからなければいけません。

❻のⓟも、「し（サ変の連用形）ぬ（完了の終止形）なり」ですから、これも、**推定**。「起きなどしたようだ」」です。

答

ⓐ＝B　ⓔ＝C　ⓘ＝A　ⓜ＝B
ⓑ＝C　ⓕ＝C　ⓙ＝B　ⓝ＝A
ⓒ＝D　ⓖ＝D　ⓚ＝D　ⓞ＝A
ⓓ＝D　ⓗ＝B　ⓛ＝B　ⓟ＝A

25 「に」の識別(1) 完了か、断定か？

① 完了の助動詞

訳 …‥た
　…‥てしまう
　…‥てしまった

基本形	未然	連用	終止	連体	已然	命令
ぬ	な	に	ぬ	ぬる	ぬれ	ね

接続　連用形につく

例　一夜のうちに塵灰となりにき。　［方丈記］
訳　一晩のうちに灰になってしまった。

例　舟こぞりて泣きにけり。　［伊勢物語］
訳　舟の中の人は皆泣いてしまった。

例　倒れて土つきにたり。　［落窪物語］
訳　倒れて土がついてしまっている。

例　千年や過ぎにけむ。　［土佐日記］
訳　千年も過ぎてしまったのだろうか。

ヤマを講義 ①

「にき」「にけり」は完了！

完了の助動詞「ぬ」の連用形の「に」は、上が連用形であるということが、判断の材料の第一ですが、それよりも、もっとわかりやすいモノサシがあります。それは、下が次のようになっていることです。

連用形＋に＋
- き（過去の助動詞）
- けり（過去の助動詞）
- たり（存続・完了の助動詞）
- けむ（過去推量の助動詞）

上の 例 は、どれもそうなっていますが、一つ注意したいのは、「き・けり・たり・けむ」も活用しますから、「にし（時）」「にしか（ば）」「にける（時）」のようになっていても、わからなくてはいけないということです。

にき　にけり

完了!!

130

2 断定の助動詞

訳 …だ …である

基本形	未然	連用	終止	連体	已然	命令
なり	なら	なり/に	なり	なる	なれ	なれ

接続 体言・連体形・助詞につく

例 風の音、虫の音など、はた言ふべきに**あらず**。 [枕草子]
訳 風の音や虫の音などが聞こえるのは、また言うまでもなくすばらしいこと**だ**。

例 おぼろけの願によりて**に**やあらむ、風も吹かず。 [土佐日記]
訳 並々ならぬ祈願によって**であろう**か、風も吹かない。

例 所狭き御身**にて**、めづらしう思されけり。 [源氏物語]
訳 (源氏は)きゅうくつなご身分**であって**、(見なれない北山の景色を)めずらしくお思いになった。

---

2 ヤマを講義 「にあり」「にて」は断定！

断定の助動詞「なり」の連用形の「に」も、上が体言(名詞)か連体形、もしくは助詞であることが、第一の判断の材料ですが、断定の場合も、わかりやすいモノサシがあります。次のA・Bの二つのパターンです。

A
体言　　　　　　　　　　あり
　　　　＋に＋(助詞)＋　侍り・候ふ
連体形　　　　　　　　　おはします　　など

「…にあり」「…にあらず」「…にしもあらず」「…にやあらむ」「…にかありけむ」「…にこそあらめ」「…にやあらはしますらむ」のような形です。

「…にや」「…にこそ」のあとの、「あらむ」「あらめ」などの結びの部分が省略される形も、よくあります。

B
体言　　　　　て
　　　＋に＋　　　　＝…であって
連体形　　　　して

上の『源氏物語』の例のような形です。このBパターンで大事なのは、「…であって」と訳せること。

現在でも使っている、「体育館にて生徒総会を…」のような「にて」は、言いかえれば、ただの「で」で、これは古文でも同じで、場所などを表す**格助詞**です。

演習ドリル

次の各文の傍線部ⓐ〜ⓙの意味を、完了はA、断定はBの記号で答えよ。また、❶・❸・❹・❽・❾を、口語訳せよ。

❶ 慈悲の心なからん（ないような者）は、人倫（人間）ⓐにあらず。　　　　　　　　　　　　　　　　　　　　〔徒然草〕

❷ 藤原の　古り（古くなる）ⓑにしⓒ里の　秋萩は　咲きて　散りⓒにき　君待ちかねて　　　　　　　　　　〔万葉集〕

❸ （私は）月の都の人ⓓにて、父母あり。　　　　　　　　　　　　　　　　　　　　　　〔竹取物語〕

❹ 女をば草むらの中に置きて、逃げⓔにけり。　　　　　　　　　　　　　　　　　　　　〔伊勢物語〕

❺ 道のほど（東国へ下る道中の様子）も知りⓕにしかば、（下って行く父のことが）はるかに恋しく心細きこと限りなし。　　　　　　　　　　　　　　　　　　〔更級日記〕

ヤマの解説

◆「にき・にけり・にたり」は完了！

❷のⓑ「古りにし」の「し」は、過去の助動詞「き」の連体形ですから、「に」は**完了**。

❷のⓒは、ズバリ「にき」で、**完了**です。

❹のⓔも、ズバリ「にけり」で、**完了**。

❺のⓕ「知りにしかば」の「しか」は、「き」の已然形ですから、これも、**完了**です。

❼のⓙは「にたり」で、この形も、**完了**です。

◆「にあり」は断定！

❶のⓐの「にあらず」の形は、**断定**です。上が「人倫」という体言であることからも明らかです。

訳　慈悲の心がないような者は、人間ではない。

❻のⓖの「にや」は、上が助詞の「ば」であることも判断の材料ですが、ここは「にやあらむ」の「あらむ」が省略されています。ですから、実は、下に「あり」があるわけで、**断定**です。

❻のⓘの「にこそ」も、「にこそあらめ」の「あらめ」が省略された形で、これも、**断定**です。

132

❻ かかる人(このような人)の孫なれば〔g〕にや、この俊寛も、僧なれども、心も猛く(気性もはげしく)おごる(おごり高ぶった)人〔h〕にて、よしなき(つまらぬ)謀反にも与しける(加わった)〔i〕にこそ。　　　　　〔平家物語〕

❼ 日は山の端にかかり〔j〕にたり。　　　　　　〔更級日記〕

❽「仏はいかなる(どのような)もの〔k〕にか候ふらむ」。　　〔徒然草〕

❾ 高松殿の上と申す〈お方〉も、源氏〔l〕にておはします。　　　　　〔大鏡〕

a	e	i
b	f	j
c	g	k
d	h	l

◆「であって」の「にて」は断定！

訳 高松殿の上と申すお方も、源氏でいらっしゃる。
❾の l は「あり・をり」の尊敬語ですし、「にておはします」の「おはします」は、上が体言「人」ですし、「人にて」は「人であって」と訳せますから、断定です。
❽の k は、上が体言「もの」ですし、「にか候ふらむ」で「候ふ」は「あり」の丁寧語ですから、丁寧にしなければ、「にかあるらむ」です。よって、これも、断定です。
訳「仏とはどのようなものでしょうか」。
❼の j も、上が体言ですし、「にてあり」です。よって、断定。
❻の h の「人にて」も同じく、「人であって」と訳せますから、断定です。
❸の d は、上が「人」ですし、「人にて」は「人であって」と訳せますから、断定です。
訳 月の都の人であって、父母もいる。

答
a＝B　e＝A　i＝B
b＝A　f＝B　j＝A
c＝A　g＝A　k＝B
d＝B　h＝A　l＝B

にあり
断定！！

26 「に」の識別(2)

③ 格助詞「に」　訳 …に

接続 体言・連体形（まれに連用形）につく

例 行き行きて、駿河の国に至りぬ。
訳 どんどん行って、駿河の国に着いた。
　　　　　　　　　　　　　　　　［伊勢物語］

④ 接続助詞「に」
訳 …と。…たところ
　　…が。…けれども
　　…ので。…から

接続 連体形につく

例 寄りて見るに、筒の中光りたり。
訳 近寄って見ると、筒の中が光っている。
　　　　　　　　　　　　　　　　［竹取物語］

例 涙のこぼるるに、目も見えず。
訳 涙がこぼれるので、目も見えない。
　　　　　　　　　　　　　　　　［伊勢物語］

---

③ ヤマを講義
格助詞は訳が「に」のままでOK！

「に」が完了でも、断定でもない場合、次に大事なのは、格助詞か接続助詞かです。

格助詞の「に」は、時・場所・方向・帰着点・対象・結果・比較・手段・原因理由・目的・状況など、いろいろなことを表しますが、**おおむね、現代語と同じ**ですから、訳しても「に」でOKなら格助詞です。

④ ヤマを講義
訳が「に」でダメなら接続助詞！

訳が「に」ではダメなら接続助詞です。

▶ 接続助詞の「に」のはたらき（100ページ）
① 単純な接続（…が。…と。…たところ）
② 逆接　　　（…のに。…が。…けれども）
③ 原因・理由（…ので。…から。…ために）

5 ナリ活用の形容動詞の連用形語尾

例 黒き雲、にはかに出で来ぬ。　　　　　　　　[土佐日記]

訳 黒い雲が、急に出てきた。

6 ナ変動詞「死ぬ・往ぬ」の連用形語尾

例 逃げて往にけり。　　　　　　　　　　　　[今昔物語集]

訳 逃げて行ってしまった。

7 副詞の一部

例 つひに本意のごとく会ひにけり。　　　　　　[伊勢物語]

訳 とうとう本来ののぞみどおり結婚した。

例 げに、ただ人にはあらざりけり。　　　　　　[竹取物語]

訳 （かぐや姫は）なるほど、ふつうの人ではなかったのだなあ。

---

5 ヤマを講義　あとはすべて何かの一部！

「に」の識別は、大事なのは、完了・断定・格助詞・接続助詞までで、あとはすべて何かの一部です。

5 の、**ナリ活用の形容動詞の連用形の活用語尾**は、一単語としてわかることが必須です。「あはれに・あてに・優に・きよらに・きよげに・おろかに・つれづれに・まめに・なやましげに・あらはに・あからさまに・いたづらに・すずろに・ねむごろに・はつかに」など、重要単語であるものが多いですから、必ずわかるようにしましょう。

6 の、**ナ変動詞の連用形の活用語尾**は、「死に」と「往に（去に）」しかありません。上の例のように、下に「けり」があっても、完了にしないこと。

7 の、**副詞の一部**は、上の例の「つひに・げに」や、「まことに・いかに・さらに・よに・かたみに」などです。これらも、一単語としてわかりたい重要単語です。

演習ドリル

次の各文の傍線部ⓐ～ⓣの種類を、完了の助動詞はA、断定の助動詞はB、格助詞はC、接続助詞はD、形容動詞の語尾はE、ナ変動詞の語尾はF、副詞の一部はGの記号で答えよ。

❶〈一行の人々が〉その川のほとりⓐに群れゐて（集まって座って）思ひやれば、「限りなく遠くも来ⓑにけるかな」とわび合へる（嘆き合っている）ⓒに、渡し守（船頭が）、「はや（早く）舟ⓓに乗れ。日も暮れⓔぬ」といふⓕに、乗りて渡らむとするに、皆人ものわびしくて、京に（京の都に残してきた）思ふ（恋しく思う）人なきⓖにしもあらず。　[伊勢物語]

❷〈背を向けて座っていた狛犬を〉据ゑなほしてⓗ往ⓘにければ、上人の感涙（感激の涙は）いたづらⓙに（無駄に）なりⓚにけり。　[徒然草]

❸まことⓛにこそ候ひⓜけれ（本当にそうでございますなあ）。もっとも愚かⓝに候ふ。　[徒然草]

❹福井は三里ばかりなれば、夕飯したためて（夕飯をたべてから）出づるⓞに、たそがれ（夕暮れ時）の道たどたどし（はかどらない）。ここに等栽といふ隠士（世捨て人）あ

◆ まず、完了と断定を判断する！

「にき・にけり」は完了、「にあり・にて」は断定にあてはまるものを、先に片づけます。

❶のⓑ「来にける」は、**完了**。
❶のⓖ「なきにしもあらず」は、**断定**。
❷のⓙ「なりにけり」は、**完了**。
❸のⓛ「さにこそ候ひ（＝あり）けれ」は、**断定**。
❹のⓞ「にか」は、「にかありけむ」の「ありけむ」が省略された形です。「いつの年であっただろうか」という意味で、これは、**断定**。
❹のⓠの「あるにや」も、「にやあらむ」の「あらむ」が省略された形で、**断定**。
❹のⓢ「死にけるにや」も同じく、「にやあらむ」の「あらむ」の省略の形で、**断定**。

◆ ひっかけ問題に気をつけよう！

❷のⓗは「往にけれ」と、下に「けり」がありますが、これは、「往に」でナ変動詞です。
❹のⓡの「死にける」も同じで、下に「けり」があっても、「死に」でナ変動詞です。

り。いづれの年にか、江戸に来たりて予（私）をたづぬ。はるか十年あまり（十年以上も昔のこと）なり。「いかに老いさらぼひて（老い衰えて）あるにや、はた（あるいは）死にけるにや」と人にたづね侍れば、いまだ存命してそこそこ（まだ生きていてどこそこに住んでいる）と教ゆ。

［奥の細道］

❸の**m**は、下に「候ふ（＝あり）」がありますが、「愚かに」で形容動詞の連用形です。

◆「に」と訳せるか、訳せないか

訳が「に」のままでOKなのは、**格助詞**です。
❶の**a**「ほとりに」、❶の**d**「舟に乗れ」、❹の**t**「人に・の」がそうです。

訳が「に」のままでNGなのは、**接続助詞**です。

❶の**c**は、「…と」。
❶の**e**は、「…の」。
❶の**f**は、「…が・…けれども」。
❹の**n**は、「…と」。
あとは、
❷の**i**は、「いたづらに」で形容動詞。
❸の**k**は、「まことに」で副詞。
❹の**p**は、「いかに」で副詞です。

❹**a**	❶**e**	❶**i**	❶**m**	❶**q**
❶**b**	❶**f**	❶**j**	❶**n**	❶**r**
❶**c**	❶**g**	❶**k**	❶**o**	❶**s**
❹**d**	❶**h**	❶**l**	❶**p**	❶**t**

答

- **a**＝C
- **b**＝A
- **c**＝D
- **d**＝C
- **e**＝D
- **f**＝D
- **g**＝B
- **h**＝F
- **i**＝E
- **j**＝A
- **k**＝G
- **l**＝B
- **m**＝E
- **n**＝D
- **o**＝B
- **p**＝G
- **q**＝B
- **r**＝F
- **s**＝B
- **t**＝C

27 「なむ」の識別

1 願望の終助詞
訳 …てほしい　…てくれないかなぁ

接続　未然形につく

例　いつしか梅咲か**なむ**。
訳　早く梅が咲いてほしい。
[更級日記]

2 強意の「な」＋推量・意志の「む」
訳　きっと…だろう。…しよう

接続　連用形につく

例　髪もいみじく長くなり**なむ**。
訳　髪もきっとたいそう長くなるだろう。
[更級日記]

例　来む世には　虫に鳥にも　我はなり**なむ**
訳　来世では虫にでも鳥にでも私はなろう。
[万葉集]

---

1 ヤマを講義
未然形＋「なむ」＝願望！

「なむ」の識別は、上が何かで決まりです。上の『更級日記』の例の「咲か」のように、**上が未然形**なら、**他（相手）にあつらえ望む願望の終助詞**です。

2 ヤマを講義
連用形＋「なむ」＝強意＋推量！

上が連用形なら、強意の助動詞「ぬ」の未然形「な」＋推量（意志・他）の助動詞「む」の終止形・連体形「む」です。
たとえば、

例　梅咲き**なむ**。　（きっと梅も咲くだろう。）

例　梅咲き**なむ**時、…　（梅が今にも咲くような時…）

右の例の上の例は「強意＋推量」、左の例の上の「更級日記」の例は「強意＋推量」、『万葉集』の例は「強意＋意志」です。

③ 強意の係助詞

接続 体言・連体形・助詞・副詞などにつく

- **例** 名をば、さぬきのみやつことなむ言ひける。　［竹取物語］
- **訳** 名前を、さぬきのみやつこと言った。
- **例** 難波より、昨日なむ都にまうで来つる。　［竹取物語］
- **訳** 難波から、昨日都に上ってまいった。

④ ナ変の未然形語尾＋推量・意志の「む」

- **例** 願はくは花の下にて春死なむ。　［山家集］
- **訳** できることなら、桜の花の下で春死のう。
- **例** 出でて往なむと思ひて、　［伊勢物語］
- **訳** 出て行ってしまおうと思って、

③ ヤマを講義　係助詞「なむ」は係り結びをつくる

上が、未然形でも連用形でもなく、その他であれば、「なむ」は**強意の係助詞**です。

これは、「ぞ・なむ・や・か」の「なむ」ですから、文末を連体形で結ぶ**「係り結び」**をつくることも、大きなポイントです。

注意したいのは、次のように、**結びが省略されるケース**です。

- **例** いとはばかり多くなむ。　［源氏物語］
　　　　　　　　　↑省略
- **訳** たいそう遠慮が多うございます。

この場合、「侍る」「ある」が省略されています。しかも、上がク活用の連用形ですね。係助詞「なむ」は、右の**例**の「多く」と「侍る」のように、連用修飾語と被修飾語の間に用いるときは、連用形につくことがあります。その場合も、ポイントは係り結びを作ることですから、連用形について いることで惑わされないようにしましょう。

演習ドリル

次の各文の傍線部ⓐ～ⓗの種類を、願望の終助詞はA、強意＋推量（意志・その他）はB、強意の係助詞はC、ナ変動詞の語尾＋推量（意志）はDの記号で答えよ。また、❸・❺・❻・❽を、口語訳せよ。

❶ その人、かたち（容貌）よりは心ⓐなむまさりたりける（まさっていたのであった）。
　　　［徒然草］

❷ もし賢女あらば、それももⓑのうとく（何となく親しめず）すさまじかり（興ざめである）ⓑなむ。
　　　［徒然草］

❸ 小倉山（をぐらやま）峰のもみぢ葉〈おまえに〉心（人と同じような情け）あらばⓒ今ひとたび（もう一度）の行幸（みゆき）（天皇のお出まし）をⓒ待たⓒなむ
　　　［大和物語］

❹ 身をえうなきものになしはてて（自分を無用の者に思いなして）、ゆくりもなく（急に）、いさよふ月（十六夜の月）にさそはれ出でⓓなむとぞ思ひなりぬる（思うようになった）。
　　　［十六夜日記］

◆ ヤマの解説

上が未然か、連用か、その他か！

❶ のⓐは、上が体言（名詞）の「心」で、文末が「けり」の連体形「ける」になって、**係り結び**ができていますから、**の連体助詞**です。

❷ のⓑは、上の「すさまじかり」が、ア段音で、シク活用の形容詞の連用形ですから、**強意＋推量**。「きっと興ざめなものであろう」と訳します。

❸ のⓒは、上の「待た」が**ア段音**で、四段動詞の未然形ですから、**願望の終助詞**です。

訳 小倉山の峰の紅葉よ、おまえに情けがあるならば、もう一度の天皇の（紅葉狩の）お出ましを待ってほしい。（もう一度のお出ましがあるまで散らないでほしい）

❹ のⓓは、上の「出で」が下二段活用ですから、これが未然形なのか連用形なのかは、見かけ上はわかりません。しかし、文脈上、ここは、筆者自身が出かけたことを言っていますから、他にあつらえ望む願望の「なむ」ととるには無理があります。ここは、**強意＋意志**です。

❺ のⓔも、上の「下り（お）」が上二段活用ですから、未然形か連用形かはわかりませんが、ここは、**強意＋推量**にとりたいところです。

140

❺ かばかりに（これくらい低く）なりては、飛び下るとも下り**なむ**。
　　　　　　　　　　　　　　　　　　　　　　　　ｅ
　　　　　　　　　　　　　　　　　　　　　　　　　　　　　［徒然草］

❻ 入らせ給はぬ先（前）に雪降ら**なむ**。
　　　　　　　　　　　　　　　　　ｆ
　　　　　　　　　　　　　　　　　　　［紫式部日記］

❼ 「かく思したる**なむ**、いと心憂き（たいそうつらい）」。
　　　　　　　　　ｇ
　　　　　　　　　　　　　　　　　　　　　　　［源氏物語］

❽ 死な**ば**一所（同じ所）で死**なむ**。
　　　　　　　　　　　　　　　ｈ
　　　　　　　　　　　　　　　　　　［平家物語］

ａ	ｅ
ｂ	ｆ
ｃ	ｇ
ｄ	ｈ

訳 これくらい低くなったら、飛び下りたって下りられるだろう。

❻の**ｆ**は、上が四段活用の未然形「降ら」ですから、これは、ズバリ**願望の終助詞**です。
訳 お入りにならない前に雪が降ってほしい。（降ってくれたらいいのに）

❼の**ｇ**は、上が連体形「たる」で、「心憂き」という連体形の**結び**を作っていますから、**係助詞**。

❽の**ｈ**は、ひっかかってはいけません。これは、「**死な**」＋「**む**」です。「む」は意志です。
訳 死ぬなら同じ所で死のう。

答
ａ＝Ｃ　ｅ＝Ｂ
ｂ＝Ｂ　ｆ＝Ａ
ｃ＝Ａ　ｇ＝Ｃ
ｄ＝Ｂ　ｈ＝Ｄ

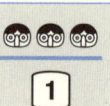

28 「ぬ」「ね」の識別　打消か、完了か？

① 打消の助動詞の　連体形の「ぬ」／已然形の「ね」

基本形	未然	連用	終止	連体	已然	命令
ず	ざら	ざり／ず	ず	ぬ／ざる	ね／ざれ	ざれ

接続　未然形につく

例　法師ばかりうらやましからぬものはあらじ。
訳　法師ほどうらやましくないものはあるまい。
　　　　　　　　　　　　　　　　　　　　　〔徒然草〕

例　今まで散らぬもあり。
訳　(桜は)まだ散っていないものもある。
　　　　　　　　　　　　　　　　　　　　　〔更級日記〕

例　腰なむ動かれぬ。
訳　腰が動くことができない。
　　　　　　　　　　　　　　　　　　　　　〔竹取物語〕

例　風波やまねば、なほ同じ所にとどまれり。
　　　　　　　　　　　　　　　　　　　　　〔土佐日記〕

ヤマを講義 ①

未然形＋「ぬ・ね」＝打消！

「ぬ・ね」は、上が明らかに未然形なら、打消ですが、上一段・上二段・下一段・下二段のように、未然形か連用形かが見かけ上はわからないものもありますから、打消であれば連体形・已然形であるという判断ができることも大切です。

未然形＋ぬ
　①体言(名詞)につく
　②(体言の省略＋)助詞につく
　③断定の助動詞「なり」につく
　④「ぞ・なむ・や・か」の結びになっている

未然形＋ね
　①助詞「ば・ど・ども」につく
　②「こそ」の結びになっている

上の『徒然草』の例は「ぬ」の①、『竹取物語』の例は「ぬ」の④、『更級日記』の例は「ぬ」の②、『土佐日記』の例は「ね」の①、『古今集』の例は「ね」の②です。

訳 風や波が収まらないので、依然として同じ場所にとどまっている。

例 色こそ見えね、香やは隠るる
訳 色は見えないけれど、香りは隠れるだろうか。
［古今集］

2 完了・強意 の助動詞の 終止形の「ぬ」 命令形の「ね」

基本形	未然	連用	終止	連体	已然	命令
ぬ	な	に	ぬ	ぬる	ぬれ	ね

接続 連用形につく

例 潮満ちぬ。風も吹きぬべし。
訳 潮が満ちてきた。きっと風も吹くだろう。
［土佐日記］

例 はや舟出だして、この浦を去りね。
訳 早く舟を出して、この浦を去ってしまえ。
［源氏物語］

2 ヤマを講義 連用形＋「ぬ・ね」は完了！

完了・強意の「ぬ・ね」の場合も、上が明らかに連用形なら問題ないのですが、これも、完了・強意であれば終止形・命令形であるという判断が大切です。

連用形 ＋ ぬ
① 文を言い切っている
② 「と・など」などにつく
③ 「べし・らむ・らし・めり・なり」などの終止形接続の助動詞がつく（この場合は、強意のことが多い）

連用形 ＋ ね
① 命令して文を言い切っている（強意のこともある）

例 上の『土佐日記』の 例 の①と③、『源氏物語』の 例 は「ね」の①です。

演習ドリル

次の各文の傍線部ⓐ～ⓚの「ぬ・ね」の意味を、打消はA、完了はB、強意はC、その他はDの記号で答えよ。また、❶・❷・❸・❹・❺・❻を口語訳せよ。

❶ はなやかなりしⓐぬ（にぎやかに栄えていた）あたりも人住まⓑず。ⓒぬ。

❷ ぬ野ら（野原）となり、変はらⓑぬ住家は人あらたまりⓒぬ。

❸ 黒き雲にはかに出で来ⓓぬ。風吹きⓔぬべし。　［土佐日記］

❸ 日数のはやく過ぐるほどぞ、ものにも似ⓕぬ。　［徒然草］

❹ 改めて益（甲斐・利益）なきことは、改めⓖぬをよしとするなり。　［徒然草］

◆ ヤマの解説
上と下との接続を見る！

❶ⓐは、上の「住ま」が四段活用の未然形で、下に体言「野ら」ですから、**打消の連体形**です。
❶ⓑも、上の「変はら」が四段活用の未然形で、下に体言「住家」がありますから、**打消の連体形**。
❶ⓒは、上の「あらたまり」が四段活用の連用形で、ここで文が終っていますから、これは、**完了の終止形**。

❷[訳] にぎやかに栄えていたあたりも人の住まない野原となり、まだある家は住む人が変わってしまった。

❷ⓓは、上がカ変動詞の連用形で、文末。
❷ⓔは、上が四段活用の連用形で、下に、終止形接続の「べし」。ⓓは**完了**、ⓔは**強意**です。

❸[訳] 黒い雲が急に出て来た。きっと風も吹いてくるだろう。

❸ⓕは、上の「似」が上一段活用ですから、未然形なのか連用形なのかわかりませんが、「ぞ」の結びの「ぬ」ということは、連体形なので、**打消**。

❹[訳] 日数が早く過ぎ去ることは、ものにたとえようもない。

❹ⓖは、上の「改め」が下二段ですから、未然形か連用形かわかりません。ここは、「改めぬことを」と、名詞が省略された形で、**打消の連体形**です。

144

a	e	i
b	f	j
c	g	k
d	h	

❺「もとの御かたち（お姿）となり給ひ**ね**」。　［竹取物語］

❻桃李（たうり）もの言は**ば**、誰とともにか昔を語らむ。　［徒然草］

❼炎にまぐれて（気を失って）、たちまちに死**ぬ**。　［方丈記］

❽いかに仰（おほ）せらるるやらん（なんとおっしゃったのだろう）。えこそ聞き知ら**ね**。　［徒然草］

訳 改めても甲斐のないことは、改めないことをよしとするのである。

❺の**h**は、上の「給ひ」が四段活用の連用形ですから、**完了・強意の命令形**。命令形は**強意**のことがあり、ここも強意ととるほうがいいでしょう。

訳 もとのお姿におなりになってください。

❻の**i**は、上の「言は」が四段活用の未然形ですから、**打消の已然形**。已然形＋「ば」です。

訳 桃や李（すもも）は何も言わないから、誰と一緒に昔のことを語ろうか。

❼の**j**は、「死ぬ」で**ナ変動詞**です。

❽の**k**は、上の「聞き知ら」が四段活用の未然形で、「こそ」の結びですから、**打消の已然形**です。「さっぱりわからない」の意。

答

- ⓐ＝A
- ⓑ＝A
- ⓒ＝B
- ⓓ＝A
- ⓔ＝C
- ⓕ＝B
- ⓖ＝A
- ⓗ＝C
- ⓘ＝A
- ⓙ＝D
- ⓚ＝A

145

29 「し」の識別

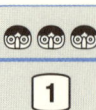

1 サ変動詞の連用形(連用形語尾)

基本形	未然	連用	終止	連体	已然	命令
す	せ	し	す	する	すれ	せよ

例 念仏して、海にぞ沈み給ひける。
訳 念仏を唱えて、海にお沈みになった。
[平家物語]

2 過去の助動詞「き」の連体形

基本形	未然	連用	終止	連体	已然	命令
き	せ	○	き	し	しか	○

例 死にし子、顔よかりき。
訳 死んだ子は、顔だちがよかった。
[土佐日記]

---

1 ヤマを講義 何かを「する」のはサ変!

「し」がサ変動詞の連用形(連用形語尾)であれば、「し」の部分に、何かを「する」意味があります。
上の『平家物語』の 例 では、念仏を「唱える」意味です。
「念仏」は名詞で、「し」はサ変ととることもできますし、「念仏し」で複合サ変動詞ととることもできます。

2 ヤマを講義 過去の「し」は連体形!

上の『土佐日記』の 例 のように、**過去の助動詞「き」の連体形の「し」**は、連用形(カ変・サ変には未然形)につきます。「し」そのものが連体形のはたらきであることも大切です。上の 例 は次の①です。

連用形 ＋ し {
①体言(名詞)につく
②(体言の省略＋)助詞につく
③「ぞ・なむ・や・か」の結びになっている
}

③ 強意の副助詞「し」

例 京に、思ふ人なきにしもあらず。
訳 京に、恋しく思う人がないわけでもない。
〔伊勢物語〕

④ 格助詞・接続助詞「して」の一部

例 ゆく川の流れは絶えずして、しかももとの水にあらず。
訳 流れゆく川の水は絶えることはなくて、しかももとの同じ水ではない。
〔方丈記〕

⑤ 形容詞・動詞などの語の一部

例 何も何も、小さきものは皆うつくし。
訳 何もかも、小さいものはみんなかわいらしい。
〔枕草子〕

---

③ ヤマを講義

強意の「し」はなくても同じ！

上の『伊勢物語』の 例 の「なきにしもあらず」や、「折しも」「今しも」のようなのが、**強意の副助詞の「し」**です。ただの「強意」ですから、なくても意味は同じです。

④ ヤマを講義

「して」は格助詞にも注意！

上の『方丈記』の 例 の「して」は、**接続助詞**です。「して」は、**格助詞**の場合もあります。

例 長き爪して、眼をつかみつぶさむ。
訳 長い爪で、目をつかみつぶしてやろう。
〔竹取物語〕

- 連用形＋して＝接続助詞（…て）
- 体言＋して＝格助詞（…で）

演習ドリル

次の各文の傍線部ⓐ〜ⓟの種類を、サ変動詞（の語尾）はA、過去の助動詞はB、副助詞はC、格助詞「して」の一部はD、接続助詞「して」の一部はE、その他はFの記号で答えよ。また、❹・❺・❻を、口語訳せよ。

❶〈強い風が〉少しなほりて〈収まって〉出でむとⓐし給へば、
 〔大鏡〕

❷年ごろ〈長年〉思ひつるⓑ〈気にかかっていた〉こと果たし侍りぬ。聞ⓒしにも過ぎて〈石清水八幡宮は〉尊くこそおはⓓしけれ。
 〔徒然草〕

❸急ⓔしもせぬほどに、月出でぬ。
 〔土佐日記〕

❹事々〈あれもこれも〉なすことなくⓕして身は老いぬ。
 〔徒然草〕

❺そこなりける〈そこにあった〉岩に、指の血ⓖして〈歌を〉書きつけける。
 〔伊勢物語〕

◆ なくてもOKな副助詞「し」！

❸のⓔは、「急ぎもせぬほどに」でも、まったく意味に変わりがありません。

❼のⓙも、「妻あれば」でも同じです。

❼のⓚも、「旅をぞ思ふ」、さらに言えば、強意の「ぞ」も取って、「旅を思ふ」でも同じです。

これらⓔ・ⓙ・ⓚは、強意の副助詞です。

◆ 格助詞・接続助詞の「して」には注意！

❹のⓕは、接続助詞の「して」の一部です。
訳 あれもこれもすることもなくて〈ないままに〉年老いてしまう。

❺のⓖは、格助詞の「して」の一部です。
訳 そこにあった岩に、指の血で書きつけた。

❽の❶も、格助詞の「して」の一部です。「友人一人二人で」と、訳は「で」だけでもOKです。

◆ 動詞か、過去の助動詞か？

❶のⓐの「出でむとし」には、「する」意味がありますから、サ変の連用形です。

⑥物は、破れたる所ばかりを修理 **h** して用ゐることぞ（使ふものだ）。
〔徒然草〕

⑦唐衣 着つつなれにし **i** （唐衣が着なれて体になじむように馴れ親しんだ）妻 **j** しあれば はるばる来ぬる 旅 **k** をしぞ思ふ
〔伊勢物語〕

⑧友とする人一人二人 **l** して（一人二人とともに）行きけり。
〔伊勢物語〕

⑨継母なり **m** し人は、宮仕へせ **n** しが、〈東国のような田舎に〉下り **o** しなれば、思ひ **p** しにあらぬ（思いがけない）ことなどありて、
〔更級日記〕

a	e	i	m
b	f	j	n
c	g	k	o
d	h	l	p

答

a=A　b=F
c=B　d=E
e=C　f=A
g=D　h=C
i=B　j=D
k=C　l=D
m=B　n=B
o=B　p=B

訳 物は、こわれた所だけを修理して使うものだ。
あとの、
❷の **c** 「聞きし」・「噂」
❷の **d** は、サ変動詞「おはす」の連用形語尾。
❻の **h** は、「して」の形ですが、「修理し（サ変の連用形）て（接続助詞）」です。「し」に「する」意味があります。
❻物は、破れた所ばかりを修理して用ゐることぞ（四段動詞「果たす」の連用形語尾。
❼の **i** 「なれにし妻」
❾の **m** 「継母なりし人」、 **p** 「思ひし（こと）」、 **n** 「せし（人）」、 **o** 「下りし・
は、すべて、上が連用形で、「し」そのものは連体形になっていて、**過去の助動詞**です。

30 「せ」の識別

1 サ変動詞の未然形(未然形語尾)

基本形	未然	連用	終止	連体	已然	命令
す	せ	し	す	する	すれ	せよ

例 せまほしきことも、えせず。

訳 したいことも、することができない。 〔更級日記〕

2 サ行下二段動詞の 未然形 連用形 語尾

基本形	未然	連用	終止	連体	已然	命令
寄す	せ	せ	す	する	すれ	せよ

例 八嶋へすでに寄せむとす。

訳 八嶋へいよいよ攻め寄せようとしている。 〔平家物語〕

---

1 ヤマを講義 「する」意味があればサ変!

「せ」の場合も、「し」と同じく、何かを「する」意味ならばサ変の未然形です。

上の『更級日記』の 例 の「せまほしき」の「せ」も、「する」意味です。

「ず」の上の「せ」も、「する」意味です。

2 ヤマを講義 動詞の語尾には注意せよ!

上の『平家物語』の 例 の「寄せ」の「せ」は、サ行下二段動詞の未然形の活用語尾です。

サ行四段動詞の已然形や命令形の活用語尾ということもありえますが、これらには、ひっかからないように気をつけましょう。

例 水にしなうて渡せや渡せ。

訳 川の流れに逆らわずに(馬を)渡せ、渡せ。 〔平家物語〕

150

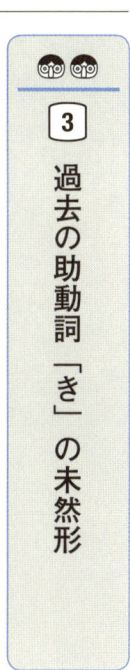

3 過去の助動詞「き」の未然形

基本形	未然	連用	終止	連体	已然	命令
き	せ	○	き	し	しか	○

例 夢と知り<u>せ</u>ば　さめざらましを　　[古今集]

訳 夢だとわかっていたならば、さめないままでいたのに…。

4 使役・尊敬の助動詞「す」の未然形・連用形「さす」の未然形・連用形の一部

基本形	未然	連用	終止	連体	已然	命令
す	せ	せ	す	する	すれ	せよ
さす	させ	させ	さす	さする	さすれ	させよ

例 御覧じて、いみじう驚か<u>せ</u>給ふ。　　[枕草子]

訳 ごらんになって、たいそうお驚きになる。

ヤマを講義 3　反実仮想「せば…まし」のみ！

過去の助動詞「き」の未然形の「せ」は、上の 例 のように、「…せば…まし(ましを・ましものを)」という、反実仮想(78ページ)の形でしか使いません。

ヤマを講義 4　上がア段音なら使役・尊敬！

使役か尊敬かの意味の判断は、58ページにまかせるとして、「す」は、四段・ナ変・ラ変の未然形にのみ接続しますから、**上は必ずア段音**です。

上の『枕草子』の 例 の「驚か・せ」のように、上が用言でア段音なら、使役・尊敬の助動詞「す」の未然形か連用形の「せ」と判断してOKです。上の 例 は、尊敬の連用形です。

「さす」の未然形・連用形の一部という意地悪な質問もあったりしますから、注意しましょう。

演習ドリル

次の各文の傍線部 ⓐ〜ⓚ の種類を、サ変動詞はA、過去の助動詞「す」はC、使役・尊敬の助動詞「さす」の一部はD、サ行下二段動詞の語尾はEの記号で答えよ。また、❷・❸・❹・❺・❻・❼を、口語訳せよ。

❶ 人をおきてて〈人に指図して〉、高き木にのぼ ⓐせて〈のぼらせて〉、梢を切ら ⓑせしに、 〔徒然草〕

❷〈女房に〉御格子上げさ ⓒせて、〈私が〉御簾を高く上げたれば、〈中宮様は〉笑は ⓓせ給ふ。 〔枕草子〕

❸ ふるさとの 花のもの言ふ 世なり ⓔせば いかに〈なんとかして〉昔の ことを問はまし 〔平家物語〕

❹ 暁(あかつき)まで、門(かど)たたく音も ⓕせず。 〔枕草子〕

ヤマの解説

◆「せば…まし」の形は、過去の未然形！

まず、見かけ上一番わかりやすいのは、反実仮想の「せば…まし」の「せ」が、過去の助動詞「き」の未然形だということです。

❸のⓔがそうです。

ふる里の花がものを言う世であったら、なんとかして昔のことを尋ねたいものだが…。

◆ア段音の下は使役・尊敬！

❶のⓑ「切らせ」の「せ」は、使役です。
❷のⓒ「上げ(下二段の未然形)させ」で、これは「さす」の一部です。意味は使役です。
❷のⓓ「笑はせ給ふ」の「せ」は、尊敬です。

訳 御格子を上げさせて、御簾を高く上げたところ、〈中宮様は〉お笑いになった。

❺のⓖ「出ださせ」の「せ」は、使役です。
❺のⓗ「歌はせ給ふ」は、下に「給ふ」がありますが、使役の対象がありますから、使役です。

訳 いつものように声を出させて、随身に歌わせなさる。

❼のⓚは、「失せ(下二段の未然形)させ(尊敬)おはし

❺ 例の（いつものように）声出ださ⤴ₕせて、随身に歌はせ給ふ。　［堤中納言物語］

❻ すべて（決して）かれ（あの人）にわびしき（つらい）目な見せそ。　［大和物語］

❼ 〈冷泉院は〉御年六十二にて失⤴ⱼせさ⤴ₖせおはしましけり。　［大鏡］

❽ おぼし出づる（お思い出しになった）所ありて、案内⤴ₗせさせて（取り次ぎを乞わせて）、入り給ひぬ。　［徒然草］

a	e	i
b	f	j
c	g	k
d	h	l

答

- a＝E
- b＝C
- c＝D
- d＝C
- e＝B
- f＝A
- g＝C
- h＝C
- i＝E
- j＝E
- k＝D
- l＝A

❼の j の「失せ」も、**下二段動詞の未然形**です。

❻の i は、「見せ」で**下二段動詞の連用形**。

❽の l は、「案内せ」で複合の**サ変動詞**。

訳　決してあの人につらい目を見せるな。

❹の f は、**サ変動詞**です。「せず」で「しない」。

訳　明け方まで、門をたたく音もしない。

❶の a は、「のぼせ・あとは、

◆ **サ変は「する」意味がある**

訳　御年六十二でお亡くなりあそばした。

まし（尊敬）」で、「さす」の一部です。

31 「る」「れ」の識別

1 受身・可能・自発・尊敬の助動詞「る」「る・らる」の一部

基本形	未然	連用	終止	連体	已然	命令
る	れ	れ	る	るる	るれ	れよ
らる	られ	られ	らる	らるる	らるれ	られよ

接続
る……四段・ナ変・ラ変の未然形につく
らる…その他の動詞の未然形につく

例 いづれの舟にか乗らるべき。　　　［大鏡］
訳 どの舟にお乗りになるだろうか。

例 目も見えず、ものも言はれず。　　　［伊勢物語］
訳 目も見えず、ものを言うこともできない。

例 ありがたきもの、舅にほめらるる婿。また、姑に思はるる嫁の君。　　　［枕草子］
訳

ヤマを講義 ① 上がア段音なら受身・尊敬他！

受身・可能・自発・尊敬の「る」は、四段・ナ変・ラ変の未然形にしかつきません。ですから、

上がア段音 ＋ 未然形「れ」／連用形「れ」／終止形「る」 ＝ **受身・可能・自発・尊敬**

という判断ができます。

受身・可能・自発・尊敬のうちのどの意味であるかの判断は、54ページにまかせます。

上の『大鏡』の **例** は、尊敬。
『伊勢物語』の **例** は、可能。
『枕草子』の **例** は、受身です。

上の『枕草子』の **例** のような「る」の連体形・已然形の一部とか、「らる」の一部のような意地悪な傍線部には注意しましょう。

154

訳 めったにないもの、舅にほめられる婿。また、姑にかわいがられるお嫁さん。

2 存続・完了の助動詞「り」

基本形	未然	連用	終止	連体	已然	命令
り	ら	り	り	る	れ	れ

接続 サ変の未然形・四段の已然形につく

例 木ぞ三つ立てる。
訳 木が三本立っている。 ［更級日記］

例 事を知り、世を知れれば、
訳 大事を知り、世の中の事を知っているので、 ［方丈記］

3 用言・助動詞の活用した形の一部

例 いと近う召し入れられたるこそうれしけれ。
訳 すぐそばに呼び入れていただいたのはとてもうれしい。 ［枕草子］

ヤマを講義 2

「サ未四已」の下は存続・完了！

上が、サ変の未然形、四段の已然形であれば、「サ未四已」接続の存続・完了の「り」です。上がエ段音なら、と言ってもよいでしょう。

上がエ段音 ＋ り
- 連体形「る」
- 已然形「れ」 ＝ 存続
- 命令形「れ」 ＝ 完了

もうひとヤマ 結びの「る・れ」も存続・完了！

上が「立て」とエ段音ですから、それでもわかりますが、上の『更級日記』の 例 のように、係り結びの結びになっている「る・れ」も、存続・完了です。
「ぞ・なむ・や・か」の結びの「る」 ＝ 存続
「こそ」の結びの「れ」 ＝ 完了

サ未四已の下は 存続・完了！！

演習ドリル

次の各文の傍線部ⓐ〜ⓟは、次のうちのどれであるか、記号で答えよ。

A 受身の助動詞（の一部）
B 可能の助動詞（の一部）
C 自発の助動詞（の一部）
D 尊敬の助動詞（の一部）
E 存続・完了の助動詞（の一部）
F 動詞の一部
G 形容詞の一部
H 形容動詞の一部

❶〈鬼が出るというので〉人をやりて見する〈見に行かせる〉に、おほかた〈まったく〉逢ⓐへる者なし。　［徒然草］

❷「瓶子〈徳利が＝平氏が〉倒れ候ⓑひぬⓒ」とぞ申されⓓけれ。　［平家物語］

❸〈頭にかぶった鼎を〉抜かんとするに、おほかた〈まったく〉抜かⓓれず。　［徒然草］

❹われ〈自分がわざと〉負けて人を喜ばしめむと思はば、

◆ ヤマの解説

◆ 上がエ段音なら存続・完了！

❶のⓐは、上の「逢へ」が四段動詞「逢ふ」の已然形で、これも、**完了**です。

❷のⓕは、上の「はけ」が四段動詞「はく」の已然形で、これも、**完了**です。

❸のⓖも、上の「作れ」が四段動詞「作る」の已然形で、これも、**完了**です。

❹のⓙは、上の「給へ」が四段動詞「給ふ」の已然形で、ここは、**存続**。

❺のⓛは、上の「立て」が四段動詞「立つ」の已然形で、これも、**存続**です。

◆ 上がア段音なら受身・尊敬・自発・可能

❶のⓒは、上の「申さ」が四段動詞「申す」の未然形で、上に敬語があるのは、**尊敬**です。

❷のⓓは、上の「抜か」が四段動詞「抜く」の未然形で、ここは下に打消があるので、**可能**です。

❸のⓚは、上の「うち泣か」が四段動詞「うち〈接頭語〉泣く」の未然形で、「人知れず」もあり、**自発**です。

❹のⓞは、上の「言は」が四段動詞「言ふ」の未然形で、

❺ さらに遊びの興(面白味)なかるべし。　　　　　　　　　　　　　　　[徒然草]
❺ 女のはける足駄(下駄)にて作れる笛には、秋の鹿必ず寄る(寄ってくる)。　[徒然草]
❻ なきこと(無実の罪)により、かく罪せられ給ふ。　　　　　　　　　　[大鏡]
❼ 今日は京のみぞ思ひやらるる。　　　　　　　　　　　　　　　　　　[土佐日記]
❽ 薬師仏の立ち給へるを、見捨てたてまつる悲しくて、人知れずうち泣かれぬ。[更級日記]
❾ 立てる人どもは、装束のきよらなる(美しい)こと、ものにも似ず。　　　[竹取物語]
❿ 〈法然上人は〉「疑ひながらも念仏すれば往生す」とも言は れけり。　　[徒然草]
⓫ 世は定めなき(無常であるの)こそいみじけれ。　　　　　　　　　　　[徒然草]

ここは尊敬です。
❻ の h は「罪せ(サ変の未然形)られ給ふ」で、これは、受身の「らる」の連用形の一部です。
❼ の i は「思ひやら(四段の未然形)るる」で、これは、自発の「る」の連体形の一部です。

◆ あとはすべて何かの一部分

❷ の b 「倒れ」の「れ」は、下二段動詞の連用形の語尾。
❹ の e は「なかる」で、上がア段音「か」ですが、これは「なかる」で形容詞「なし」の連体形。
❾ の m は、形容動詞「きよらなり」の連体形の一部。
❿ の n は、サ変動詞「す」の已然形の一部。
⓫ の p は、形容詞「いみじ」の已然形の一部。

a	e	i	m
b	f	j	n
c	g	k	o
d	h	l	p

答

a=E　c=G　e=E　g=C　i=C　k=C　m=H　o=D
b=F　d=B　f=E　h=A　j=E　l=E　n=F　p=G

32 「らむ」の識別

① 現在推量の助動詞の終止形・連体形

基本形	未然	連用	終止	連体	已然	命令
らむ	○	○	らむ	らむ	らめ	○

接続 終止形（ラ変型活用語には連体形）につく

例 院はつれづれにておはしますらむ。 〔大鏡〕

訳 院は今ごろ退屈していらっしゃるだろう。

② 存続・完了の助動詞「り」の未然形の「ら」＋推量の助動詞「む」

接続 サ変の未然形・四段の已然形につく

例 あたら世の 月と花とを 同じくは 心知れらむ

ヤマを講義 ①

終止形＋「らむ」は現在推量！

現在推量・原因理由推量の「らむ」は、終止形につく助動詞です。ラ変型活用語（ラ変・形容詞・形容動詞など）には連体形につきます。いずれにせよ、**ウ段音の下の「らむ」は現在推量**と言うことができます。

上の『大鏡』の 例 の「おはします・形です。

ヤマを講義 ②

サ未四已の下は「ら」＋「む」！

上が、サ変の未然形、四段の已然形のときは、「ら」と「む」とは別モノです。**エ段音の下**と言ってもいいでしょう。

サ変の未然
四段の已然 ＋ ら｛存続・完了の｝＋ む｛推量 意志 他｝
                「り」の未然形

「む」は、もちろん推量・意志だけではありません。上の『後撰集』の 例 「知れらむ」の「む」は婉曲です。

158

人に見せばや

訳 せっかくの春の夜の月と花とを、同じことなら、趣がわかっているような人に見せたいものだ。

［後撰集］

3

- 打消の「ず」の未然形の一部
- ラ変の未然形語尾
- ラ行四段の未然形語尾
- 形容詞の未然形の一部
- 形容動詞の未然形の一部

＋ 推量の助動詞「む」

例 命ばかりは、などか生き**ざら**む。

訳 命だけは、どうして助からないだろうか。 ［徒然草］

例 深き故あ**らむ**。

訳 深い理由があるのだろう。 ［徒然草］

例 憶良らは　今はまか**らむ**

訳 私、憶良らは、今はおいとましましょう。 ［万葉集］

例 山の紅葉はいかに**をかしからむ**。

訳 山の紅葉はどんなにか趣深いことだろう。 ［和泉式部日記］

例 少納言よ、香炉峰（かうろほう）の雪はいか**ならむ**。

訳 少納言よ、香炉峰の雪はどうであろう。 ［枕草子］

3 ヤマを講義 いろいろな「ら」＋推量の「む」

「らむ」の識別は、大事なのは①・②で、あとはすべて、何かの語の一部（末尾）に推量・意志の「む」がついたものです。

『徒然草』の 例 は、打消の助動詞「ず」の未然形「ざら」＋推量の「む」と、ラ変の未然形「あら」＋推量の「む」。

『万葉集』の 例 は、ラ行四段動詞の未然形「まから」＋意志の「む」。

『和泉式部日記』の 例 は、シク活用の形容詞の未然形「をかしから」＋推量の「む」。

『枕草子』の 例 は、ナリ活用の形容動詞の未然形「いかなら」＋推量の「む」。

演習ドリル

次の各文の傍線部ⓐ～ⓚは、次のうちのどれであるか、記号で答えよ。

A 存続・完了の助動詞
B 現在推量・原因理由推量の助動詞
C 打消の助動詞の未然形の一部＋「む」
D ラ変動詞の未然形語尾＋「む」
E ラ行四段動詞の未然形語尾＋「む」
F 形容詞の未然形の一部＋「む」
G 形容動詞の未然形の一部＋「む」

❶ 憶良ら（私、憶良め）は 今はまからⓐむ それその（その子の）母も吾（私）を待つⓑらむぞ 〔万葉集〕

❷ 知りたることもなほなほ定かに（もっとはっきり知ろう）と思ひてや問ふⓒらむ。また、まことに知らぬ人（本当に知らない人）も、などか（どうして）ⓓらむ。 〔徒然草〕

❸ 今日よりはじめて（今日から数えて）三年に満たⓔらむ日の、その明けむ日（その日が明ける日に）、掘り出だすべきなり。 〔今昔物語集〕

ヤマの解説

◆ **上がウ段音なら現在推量！**

現在推量の「らむ」は終止形（ウ段音）につきます。ラ変型活用語の連体形でもウ段音です。

❶のⓐは、上が「泣く」（四段動詞の終止形）。
❶のⓑは、上が「待つ」（四段動詞の終止形）。
❷のⓒは、上が「問ふ」（四段動詞の終止形）。
❷のⓓは、上が「おはす」（サ変動詞の終止形）。
ⓐ・ⓑ・ⓚは、**視界外現在推量**、ⓒは、**原因理由推量**です。

◆ **上がエ段音なら「ら」＋「む」！**

存続・完了の「り」は、サ変の未然・四段の已然につきますから、いずれにせよ上はエ段音です。

❸のⓔは、上が「満て」（四段動詞の已然形）。
「ら」は**完了**、「む」は**仮定・婉曲**です。
❼のⓘは、上が「生け」（四段動詞の已然形）。
「ら」は**存続**、「む」は**婉曲**です。
❿のⓛは、上が「知れ」（四段動詞の已然形）。
「ら」は**存続**、「む」は**婉曲**です。

◆ 上がア段音なら、何かの一部＋「む」！

選択肢のC〜Gの場合、形としては、ほぼ、ア段音＋「らむ」になります。

- ❷の**ⓓ**「なから・む」
- ❹の**ⓕ**「あらむ」は、ラ変動詞の未然形「あら」＋推量の「む」です。ただし、ラ変でも「をらむ」「はべらむ」の場合は、ア段音ではありません。
- ❺の**ⓖ**「ざらむ」は、打消の助動詞の未然形「ざら」＋推量の「む」です。
- ❻の**ⓗ**「いかならむ」は、形容動詞の未然形「いかなら」＋推量の「む」です。
- ❽の**ⓙ**「やらむ」は、四段動詞の未然形「やら」＋婉曲の「む」です。

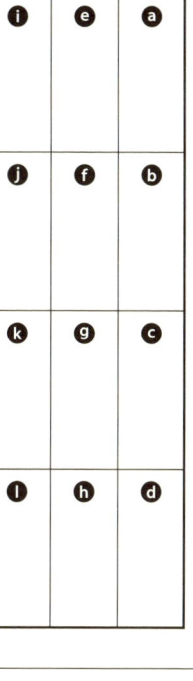

答

- ⓐ＝A
- ⓑ＝A
- ⓒ＝B
- ⓓ＝F
- ⓔ＝B
- ⓕ＝D
- ⓖ＝C
- ⓗ＝G
- ⓘ＝B
- ⓙ＝E
- ⓚ＝A
- ⓛ＝B

---

❹ 何にかあ**ⓕ**らむ。雀の落として去ぬる（落として行った）物は。〔宇治拾遺物語〕

❺ 挑むこと（勝負事）に勝ちたる、いかでかは（どうして）うれしからざ**ⓖ**らむ。〔枕草子〕

❻ いかな**ⓗ**らむ（どういうことだろうか）と、恐ろしと胸つぶるるに（心配でならないときに）、〔枕草子〕

❼ 後はたれにと志す（心に決める）者あらば、生けらむうちにぞ譲るべき。〔徒然草〕

❽ その恨み、ましてや**ⓘ**らむかたなし（いっそう晴らしようがない）。〔源氏物語〕

❾ また異所に（別の場所に）かぐや姫と申す人ぞおはす**ⓚ**らむ。〔竹取物語〕

❿ このわたりの心（このあたりの事情を）知れ**ⓛ**らむ者を召して（呼んで）問へ。〔源氏物語〕

ⓐ	ⓔ	ⓘ
ⓑ	ⓕ	ⓙ
ⓒ	ⓖ	ⓚ
ⓓ	ⓗ	ⓛ

読みのヤマ単 4　身分・官職のベスト20

朝臣 読 あそん。 意 五位以上の人の姓名につける敬称。

上人 読 うえびと（うへびと）。 意 殿上人のこと。

大臣 読 おとど。 意 大臣や公卿を敬った言い方。

上達部 読 かんだちめ。 意 大納言・中納言・参議及び三位以上の者の総称。公卿。

蔵人 読 くろうど（くらうど）。 意 天皇のそば近く仕えて諸事を行う蔵人所の役人。

更衣 読 こうい（かうい）。 意 女御の下の位。

上臈 読 じょうろう（じやうらふ）。 意 身分の高い人。貴婦人。対義語は「下臈」。

随身 読 ずいじん（このゑふ・とねり）。 意 警護を務める近衛府の舎人。従者。

受領 読 ずりょう（ずりやう）。 意 国守（地方長官）。

雑色 読 ぞうしき（ざふしき）。 意 雑役を務める役人。下男。

大納言 読 だいなごん。 意 太政官の次官。右大臣の下の位。

大宰権帥 読 だざいのごんのそち。 意 大宰府の次官。大宰の帥に代わって実務を執った。

殿上人 読 てんじょうびと（てんじやうびと）。 意 清涼殿の殿上の間に昇殿を許された者の総称。四位・五位の人。

春宮 読 とうぐう。 意 皇太子を敬った言い方。

舎人 読 とねり。 意 天皇・皇族などのそば近くに仕えて雑務や警護をする、近衛府の下級役人。

宿直 読 とのい（とのゐ）。 意 夜間に宿直すること。

内侍 読 ないし。 意 天皇の近くに仕えて取りつぎなどを務める内侍司の女官の総称。

女御 読 にょうご。 意 天皇の后で、更衣の上の位。

御息所 読 みやすんどころ。 意 天皇の寝所に仕える女官。女御・更衣。

乳母 読 めのと。 意 母親に代わって幼児に乳を飲ませて養い育てる女性。

PART 7

陳述の副詞ヤマのヤマ

空欄問題と解釈問題に備えよ!

「え…」とくれば「ず」で不可能。
「な…」とくれば「そ」で禁止。
呼応を問う空欄問題と
解釈の問題がよく出る!
数が少ないわりに大きなポイントだ。
絶対に覚えて得をしよう!

33 陳述（呼応）の副詞 (1) 打消と呼応するもの

① え…打消＝不可能　訳 …できない

例 たれもいまだ都慣れぬほどにて、え見つけず。〈更級日記〉
訳 誰もまだ都での生活に慣れていないころで、〈を〉見つけることができない。

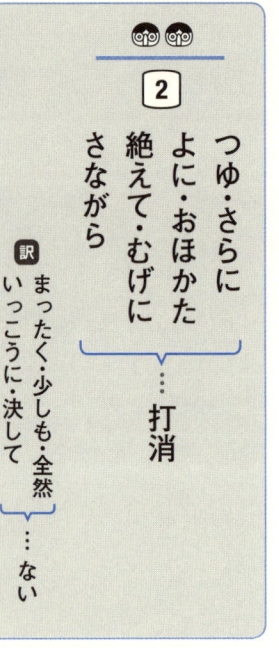

② { つゆ・さらに / よに・おほかた / 絶えて・むげに / さながら } …打消
訳 まったく・少しも・全然 / いっこうに・決して } …ない

例 知らぬ人の中にうち臥して、つゆまどろまれず。〈更級日記〉
訳 知らない人の中で寝て、少しも眠ることができない。

ヤマを講義　打消語はいろいろある！

「打消」を表す語の代表的なものは、打消の助動詞の「ず」ですが、ほかにも、打消推量の助動詞の「じ・まじ」、打消の接続助詞の「で」、形容詞「なし」があり、反語表現もこれに加わります。

ず ＝…できない
じ ＝…できないだろう
まじ ＝…できないだろう
で ＝…できずに。…できなくて
なし ＝…ができるものはない

また、当然ですが、「ず・じ・まじ・なし」は活用しますから、言い切りの形以外で出てきても、判断できなければいけません。

呼応する打消語がいろいろである点については、①の「え」だけでなく、②のグループ、④の「をさをさ」、⑤の「いと・いたく」についても同じです。

164

3 よも … 打消推量

訳 まさか … ないだろう
　　よもや

例 よも子を捨てては逃げじ。

訳 まさか子供を捨てて逃げたりはしないだろう。
　　　　　　　　　　　　　　　　　　　　[今昔物語集]

4 をさをさ … 打消

訳 ほとんど … ない
　　めったに

例 冬枯れのけしきこそ、秋にはをさをさ劣るまじけれ。

訳 冬枯れの景色は、秋にはほとんど劣らないだろう。
　　　　　　　　　　　　　　　　　　　　　[徒然草]

5 いと〜いたく … 打消

訳 それほど
　　たいして … ない
　　あまり

例 いとやむごとなき際にはあらぬが、すぐれて時めき給ふありけり。

訳 それほど高い身分ではない方で、たいそう帝の寵愛を受けていらっしゃる方があった。
　　　　　　　　　　　　　　　　　　　　[源氏物語]

ヤマを講義　「よも」は「じ」と呼応！

①・②・④・⑤は、打消推量も含めていろいろな打消語と呼応しますが、③の「よも」は必ず打消推量、しかも、ほとんど「じ」と呼応します。

陳述の副詞は、**空欄補充（補入）問題**で出題されることも多く、その場合、「よも」があれば、まず、組み合わせは「じ」と考えてよいでしょう。

演習ドリル

次の各文〈傍線部のあるものは傍線部のみ〉を口語訳せよ。

❶ 〈息子に仏のことを〉問ひつめられて、え答へずなり侍りつ。 ［徒然草］

❷ この〈竜の首の〉玉は、たはやすく〈容易には〉え取らじ。 ［竹取物語］

❸ 筧(かけひ)のしづくならでは〈以外には〉つゆおとなふ〈音をたてる〉ものなし。 ［徒然草］

❹ 〈帝は、桐壺の更衣が里にさがるのを〉さらに許させ給はず。 ［源氏物語］

◆ ヤマの解説

◆「え…打消」は不可能！

❶「え答へず」で「答えることができない」ですが、「ず」は連用形で「なり」に係り、「侍り」には丁寧の意があることに注意しましょう。「つ」は完了の助動詞です。
訳 〈問いつめられて〉、答えることができなくなってしまいました。

❷「え…じ」で「…できないだろう」。
訳 〈この竜の首の玉は容易には〉取ることができないだろう。

◆「まったく・決して…ない」グループ

❸「つゆ…なし」の呼応です。
訳 〈筧のしずくの音以外には〉まったく音をたてるものがない。

❹「さらに…ず」の呼応。「せ給ふ」は最高敬語。
訳 決して〈いっこうに〉お許しにならない。

❺「よに…じ」の呼応。「文」は手紙。
訳 手紙は決してごらんにならないだろう。〈直接言葉で申し上げよ。〉

❻「おほかた…ず」の呼応。「れ」は、下に「ず」があるので可能です。
訳 〈抜こうとするが〉、まったく〈いっこうに〉抜けない。

166

❺ 文はよに見給はじ。ただ言葉にて申せよ。　［大和物語］

❻ 〈頭にかぶった鼎を〉抜かんとするに〈抜こうとするが〉、おほかた抜かれず。　［徒然草］

❼ さ候へばとて〈そうでございますからといって〉御命を失ふまでのことは、よも候はじ。　［平家物語］

❽ 〈明石の入道は〉ここにはかしこまりて〈源氏のいる部屋には遠慮して〉自らもをさをさ参らず。　［源氏物語］

❾ 雪のいと高うはあらでうすらかに降りたるなどは、いとこそをかしけれ〈たいそう趣が深い〉。　［枕草子］

◆「よも」は「まさか・よもや」

❼「よも…じ」の呼応。「候ふ」は「あります・ございます」の意の丁寧語です。
訳 （そのようでございますからといって御命まで失うほどのことは）まさかございますまい。

◆「をさをさ」は「めったに・ほとんど」

❽「をさをさ…ず」の呼応。「参る」は「参上する」の意の謙譲語です。
訳 〈明石の入道は源氏の部屋には遠慮して、自分からは〉めったに参上しない。

◆打消と呼応する「いと」は大事！

❾「いと…で」の呼応。「の」は主格です。
訳 雪がそれほど高く〈は〉なくて、〈うっすらと降りつもっている〉のなどは、たいそう趣が深い。

え ＋ 打消語 で 不可能

34 陳述（呼応）の副詞 (2) 禁止・推量・願望と呼応するもの

1

ヤマを講義 禁止の強度は文脈から考える！

禁止には、いろいろな訳し方がありますが、文脈や敬語の有無などによって考えます。
この、副詞の「な」とは別に、**禁止の終助詞「な」**があり、ますが、それに比べると、**「な…そ」**は、**幾分穏やかな制止の感覚**があります。

例 竜の首の玉取り得ずは、帰り来な。
訳 竜の首の玉を取ることができなかったら、帰ってくるな。
　　　　　　　　　　　　　　　　　　　　　　　　　　　　[竹取物語]

1　な…そ ＝ 禁止

訳 …するな
　　　…してはいけない
　　　…しないでくれ

例 月な見給ひそ。
訳 月をごらんになってはいけません。　[竹取物語]

例 な起こしたてまつりそ。
訳 お起こし申し上げるな。　[宇治拾遺物語]

2　ゆめ／ゆめゆめ … 禁止（な・な…そ／べからず）

訳 決して…するな。断じて…するな。

例 ゆめこの雪落とすな。
訳 決してこの雪落とすな。　[大和物語]

例 ゆめゆめ人に語るべからず。
訳 決して人にしゃべるな。　[宇治拾遺物語]

2

ヤマを講義「ゆめ…打消」なら「全く…ない」

「ゆめ」も「ゆめゆめ」も、禁止ではなく、打消と呼応すると、「まったく…ない。少しも…ない」のように、「つゆ・さらに」などと同じ訳し方をします。

例 落窪の君とゆめ知らず、
訳 落窪の君だとはまったく知らず、　[落窪物語]

③ いかで…

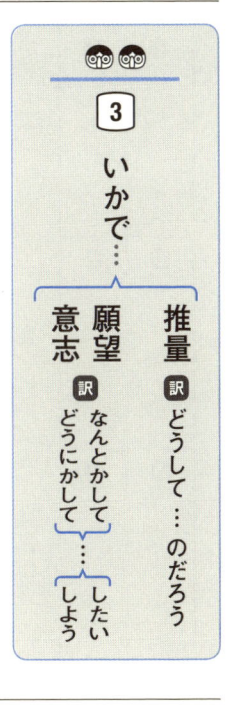

- 推量 訳 どうして…のだろう
- 願望 訳 なんとかして…したい
- 意志 訳 どうにかして…しよう

例 いかで聞きつけ給ふらむ。
訳 どうして聞きつけなさったのだろう。

例 いかでこのかぐや姫を得てしがな。
訳 なんとかしてこのかぐや姫を手に入れたいものだ。
［竹取物語］

④ 定めて…推量

訳 きっと
　　必ず　　…だろう

例 この御社の獅子の立てられやう、定めて習ひあることに侍らん。
訳 このお社の〈背中を向けて座っている〉獅子の立てられ方は、きっといわれがあるのでしょう。
［徒然草］

ヤマを講義 ③ 下が推量か、願望か！

「いかで（いかでか）」は、下に推量がくるか、願望や意志がくるかで、訳し方が決まります。

いかで……〔 む・むず・らむ・けむ
　　　　　　　べし・まし 〕
訳 どうして。どういうわけで。どうやって。

いかで……〔 む・じ（打消意志）
　　　　　　　ばや・もがな・てしがな・にしがな 〕
訳 なんとかして。どうにかして。ぜひとも。

「む・むず・べし」のように、推量と意志の両方の意味がある助動詞の場合は、どちらの意味であるかの判断をする必要があります。

演習ドリル

1 次の各文の空欄に、後の語群から適切なものを選び、活用させる必要のあるものは、適当な形に活用させて入れよ。(語群の語は必ずすべて用いること。また、二度用いるものがある)

❶ 〈大声で〉なのたまひ□。　　　　　　　　　　　［竹取物語］
❷ え追ひつか□、清水のある所に臥しにけり。　　　［伊勢物語］
❸ さらにまだ見□骨の様なり。　　　　　　　　　　［枕草子］
❹ 〈源氏物語を〉「いかで見□」と思ひつつ、　　　［更級日記］
❺ よも起きさせ給は□。　　　　　　　　　　　　　［枕草子］
❻ 〈水車は〉おほかた回ら（あれこれ）□ければ、とかく直しけれども、　　　　　　　　　　　　　　　　　　　　　　［徒然草］

[語群]　ず　じ　で　そ　ばや

❶	❹
❷	❺
❸	❻

---

1 ◆型が決まったものから片づける

ヤマの解説

この二つは、ほかの呼応のしかたがないので、まず片づけます。それぞれ、訳は、

❶ の「な…そ」は、「おっしゃいますな」。
❺ の「よも…じ」は、「まさかお起きにならないだろう」。

[語群]を見ると、打消や禁止と呼応するものはほとんどないので、❹ も、呼応して呼応するものは願望の「ばや」しかありません。「なんとかして見たい」んですね。

❷ は、「ず」でも入りますが、❸ と ❻ に「で」は使えませんから、❷ は「で」で、「追いつくことができなくて」です。❸ は連体形にして「ぬ」、❻ は、「まった
❸ と ❻ は「ず」しか入りません。❸ は連体形にして「ざり」です。
❸ は連用形にして「ざり」です。「まったくまだ見たことのない」、❻ は、「まったく回らなかったので」になります。

答
❶＝そ　❷＝で　❸＝ぬ
❹＝ばや　❺＝じ　❻＝ざり

170

2 次の各文（傍線部のあるものは傍線部のみ）を口語訳せよ。

❶ 能登殿、いたう罪なつくり給ひそ。　［平家物語］

❷〈ここにいる子供たちを〉ゆめゆめ憎み給ふな。　［落窪物語］

❸〈寝たふりをしていた稚児は、誰かが〉定めておどろかさんずらんと待ち居たるに、　［宇治拾遺物語］

❹ いかで聞きつけ給ふらむ。　［枕草子］

❺ いかでとく都へもがな。　［土佐日記］

2

❶ は、「な…そ」の呼応ですが、「いたう（いたく）…禁止」の呼応もありますから、訳し方に注意。
訳〈能登殿、〉あまり罪をおつくりなさいますな。

❷ は、「ゆめゆめ…な（禁止）」の呼応です。
訳 決して嫌いなさいますな（決してお嫌いにならないでください）。

❸ は、「定めて…んず・らん（推量）」の呼応。「おどろかす」は「起こす」意の重要単語です。
訳 きっと起こしてくれるだろう（と思って待っていたが、）

❹ は、「いかで…らむ（原因理由推量）」の呼応です。
訳 どうして（どうやって）聞きつけなさったのだろう。

❺ は、「いかで…もがな（願望）」の呼応です。
訳 なんとかして早く都へ帰りたいものだ。

読みのヤマ単 5 行事・習慣のベスト20

県召 読 あがためし。意 国司を任命する行事。春の除目。

初冠 読 ういこうぶり(うひかうぶり)。意 元服(男子の成人式)して初めて冠をつけること。

後見 読 うしろみ。意 陰で人を援助し面倒を見ること。

歌合 読 うたあわせ(うたあはせ)。意 左右に分かれ、歌の優劣を競う遊び。

大祓 読 おおはらえ(おほはらへ)。意 陰暦六月と十二月末日に行われた宮中の神事。

垣間見 読 かいまみ。意 垣根や戸の透き間からのぞき見ること。

方違 読 かたたがえ(かたたがへ)。意 外出の際、凶とされる方角を避けること。

後朝 読 きぬぎぬ。意 共寝をした男女が翌朝別れること。

前駆 読 さき。意 貴人の通行の先払いをすること、その人。「先・前」も「さき」。

除目 読 じもく(ぢもく)。意 大臣以外の諸官職を任命する儀式。

消息 読 しょうそこ(せうそこ)。意 手紙、便り。訪れること。

節会 読 せちえ(せちゑ)。意 宮中で天皇が催す宴会。

大嘗会 読 だいじょうえ(だいじやうゑ)。意 天皇が即位後初めて行う新嘗祭(収穫を感謝する神事)。

重陽 読 ちょうよう(ちようやう)。意 陰暦の九月九日。

追儺 読 ついな。意 大晦日の宮中の行事。「鬼遣らひ」とも。

司召 読 つかさめし。意 京都の役人を任命する。秋の除目。

行幸 読 みゆき。意 天皇の外出。上皇・法皇・女院の外出は「御幸」と書く。

裳着 読 もぎ。意 女子の成人式。初めて裳をつける。

物忌 読 ものいみ。意 ある期間、飲食・言行を慎み、身を浄め不浄を避けること。

物詣 読 ものもうで(ものまうで)。意 神社・寺院などに参ること。

PART 8

敬語のヤマのヤマ

**敬語の力は文法ではない
単語として覚えよう！**

敬語の主なものは約 **40** ！
尊敬語・謙譲語・丁寧語に分けて
単語として覚えよう！
質問は「誰への敬意か？」がポイントだ。
これも敬語の性質の問題。
答え方の約束を身につけよう。

35 敬語の種類と敬語動詞一覧

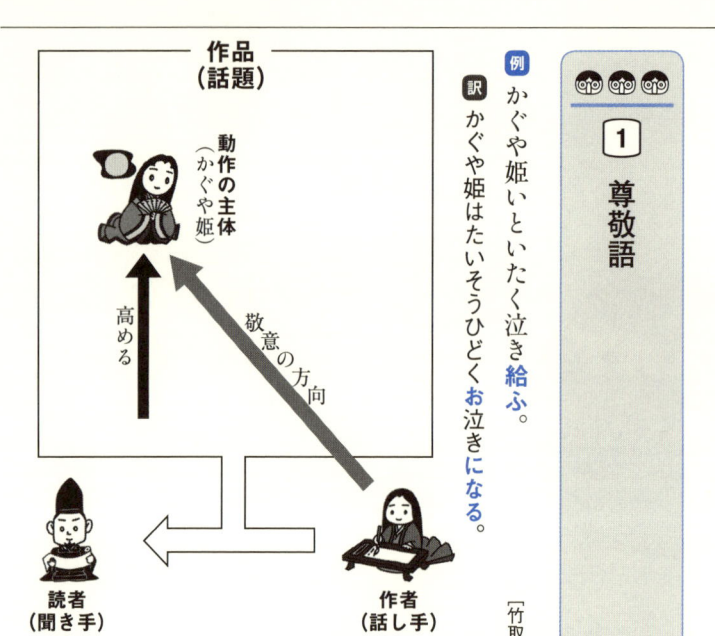

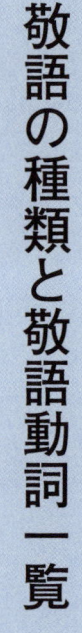

1 尊敬語

例 かぐや姫いといたく泣き**給ふ**。 [竹取物語]
訳 かぐや姫はたいそうひどく**お泣きになる**。

作品（話題）
動作の主体（かぐや姫）
高める
敬意の方向
読者（聞き手）
作者（話し手）

ヤマを講義 1 尊敬語は動作の主体への敬意！

尊敬語は、作者（話し手）が、作品（話題）の中の人物（**動作の主体＝その動作をしている人**）を、直接高める敬語です。

上の例の「かぐや姫いといたく泣き給ふ」の「給ふ」は、「泣く」という動詞に補助動詞としてついている尊敬語です。

この「給ふ」は、「泣く」という**動作の主体**（＝泣いている本人）である「かぐや姫」に対する敬意をあらわしています。

動作の主体への敬語!!

重要度	語	活用	通常語	訳し方	補助動詞の訳し方	敬意の度合
◎	給ふ(たまふ)	ハ・四	与ふ・授く・遣る・呉る	お与えになる／くださる／およこしになる	お…になる／…なさる	＋
○	たぶ(たうぶ)	バ・四				＋
○	おはす	サ変	行く	お出かけになる	…ていらっしゃる／…ておいでになる	＋＋
◎	おはします	サ・下二	あり・をり	おありになる／おられる		＋＋
◎	ます	サ・四	来	おいでになる		＋
◎	います	サ・四		いらっしゃる		＋
◎	います(そ)かり	ラ変				＋＋
◎	のたまふ	ハ・四	言ふ	おっしゃる		＋
◎	のたまはす	サ・下二				＋＋
◎	仰す	サ・下二				＋
◎	思す	サ・四	思ふ	お思いになる		＋
○	思ほす	サ・四				＋
◎	思しめす	サ・四			※動詞の上について「お…になる」のようになることがある。	＋＋

敬語	聞こす	聞こしめす	しろしめす	召す	つかはす	あそばす	御覧ず	大殿籠る	参る	奉る
	○	◎	○	○	○	○	◎	◎	◎	◎
活用	サ・四	サ・四	サ・四	サ・四	サ・四	サ・四	サ変	ラ・四	ラ・四	ラ・四
原義	聞く	聞く・治む・食ふ・飲む	知る・治む	見る・着る・乗る・食ふ・呼ぶ・取り寄す	遣る	す	見る	寝・寝ぬ	食ふ・飲む	着る・乗る・食ふ
訳	お聞きになる	お聞きになる・お治めになる・めしあがる	知っていらっしゃる・ご存知である・お治めになる	ごらんになる・おめしになる・お呼びになる・お召しになる・他	おやりになる	なさる	ごらんになる	おやすみになる	めしあがる・なさる	おめしになる・お乗りになる・めしあがる
						お…になる				
頻度	+	++	+	++	+	++	++	++	+	+

2 謙譲語

例 簾少し上げて、花奉るめり。
[源氏物語]

訳 (尼君は)簾を少し上げて(仏様に)花を差し上げているようだ。

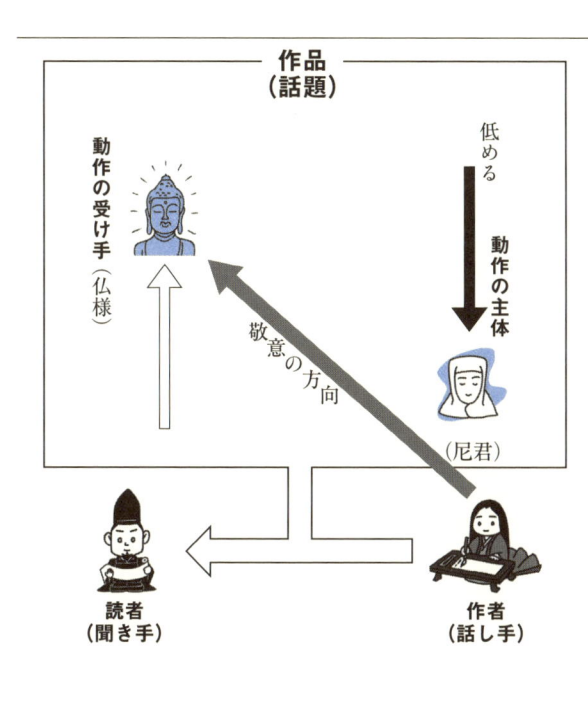

ヤマを講義 2

謙譲語は動作の相手への敬語!

謙譲語は、作者(話し手)が、作品(話題)の中のある人物(動作の主体)を低める表現をすることによって、その**動作の受け手(相手・対象)**を、間接的に高めます。

上の**例**の「花奉るめり」の「奉る」は、「差し上げる」という意味の謙譲語です。

この「奉る」は、尼君の「やる」という動作を、「差し上げる」と低めることで、その**動作の受け手**(=差し上げられる対象)である「仏様」に対して、間接的に敬意をあらわしています。

重要度	活用	通常語	訳し方	補助動詞の訳し方	敬意の度合
◎ 申す	サ・四	言ふ	申し上げる	お…する／お…し申し上げる	一
○ 聞こゆ	ヤ・下二	言ふ	申し上げる	お…申し上げる／お…し申し上げる	一
○ 聞こえさす	サ・下二	言ふ	申し上げる	お…し申し上げる	一
○ 奏す	サ変	言ふ	（天皇・上皇に）申し上げる	—	一
◎ 啓す	サ変	言ふ	（中宮・皇太后・皇太子に）申し上げる	—	一
○ 奉る	ラ・四	与ふ	差し上げる	…してさしあげる／お…申し上げる	一
○ 参らす	サ・下二	与ふ・遣る	差し上げる・献上する	…してさしあげる	一
◎ 参る	ラ・四	行く・与ふ・す	参上する・参内する・参詣する・献上する・してさしあげる	—	一
◎ まうづ	ダ・下二	行く	参上する・参詣する	—	一
◎ まかる	ラ・四	行く	退出する・さがる・おいとまする	—	一
◎ まかづ	ダ・下二	来	参ります・うかがう	—	一

	語	活用	意味	訳例	用法	
○	承る(うけたまはる)	ラ・四	聞く	お聞きする・うかがう		ー
○	たまはる	ラ・四	受く	おひきうけする・いただく		ー
○	つかまつる	ラ・四	受く	いただく・頂戴(ちょうだい)する		ー
○	つかうまつる	ラ・四	仕ふ・為(な)す・作る	お仕え申し上げる・いたす・してさしあげる	お…する　お…申し上げる	ー
◎	給ふ(たま)	ハ・下二			…です・…ます　…させていただく	ー
◎	侍り(はべ)	ラ変	あり・をり	おそばにひかえる　おつかえ申し上げる		ー
◎	さぶらふ	ハ・四				ー
◎	さうらふ	ハ・四	仕ふ	伺候する		ー

③ 丁寧語

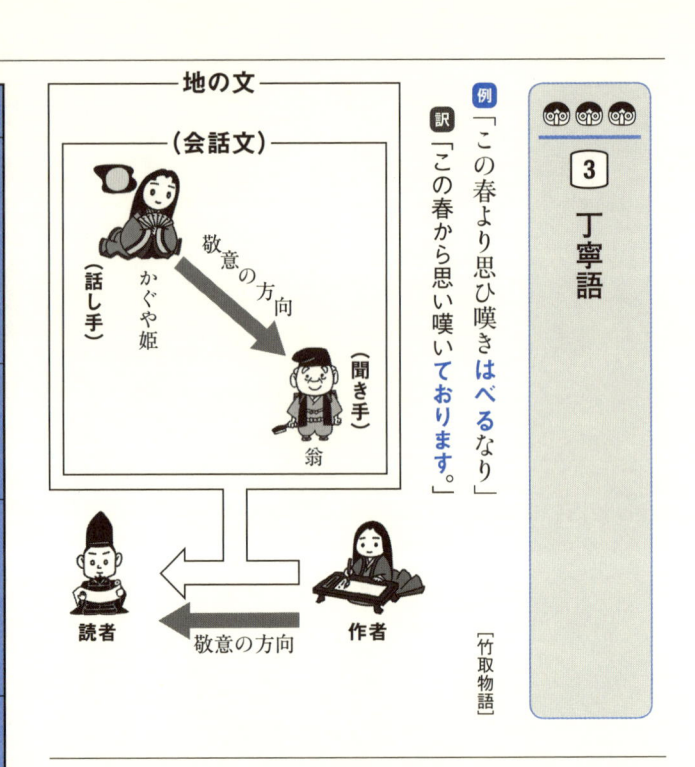

例「この春より思ひ嘆き**はべるなり**」
訳「この春から思い嘆い**ております**」
［竹取物語］

地の文
（会話文）
かぐや姫（話し手）
敬意の方向
翁（聞き手）

作者 → 敬意の方向 → 読者

ヤマを講義 ③ 丁寧語は三つだけ！

丁寧語は、基本的に「**侍り・さぶらふ・さうらふ**」の三つしかありません。

丁寧語は、作品（話題）の中の動作の主体や受け手とは関係なく、作者が読者に対して、あるいは会話の話し手が聞き手（会話の相手）に対して、**表現やことばづかいを丁寧にする**だけです。

上の例の「この春より思ひ嘆き**はべるなり**」は、かぐや姫が、竹取の翁に、「この春から思い嘆いているのです」と言っているのですが、あくまで、会話の相手である翁に対して、ことばづかいを丁寧にしているだけです。

地の文（会話文でない部分）に用いられた丁寧語であれば、敬意の方向は、「作者→読者」となります。

重要度			活用	通常語	訳し方	補助動詞の訳し方	敬意の度合
◎							
		侍り（はべり）	ラ変	あり をり	あります おります ございます	…です …ます …でございます	
◎	**さぶらふ**		八・四				
◎	**さうらふ**		八・四				

| 申す | サ・四 | 言ふ | 言います・申します |

補助動詞と本動詞

本動詞……かづけ物給ふ。
（ほうびの品をお与えになる。） [大和物語]

補助動詞……いといたく泣き給ふ。
（たいそうひどくお泣きになる。） [竹取物語]

本動詞……花奉るめり。
（仏様に花を差し上げているようだ。） [源氏物語]

補助動詞……かぐや姫を養ひたてまつること二十余年になりぬ。
（かぐや姫をお育て申し上げること、二十数年になった。） [竹取物語]

本動詞……あはれと思ふ人侍りき。
（しみじみと思う人がありました。） [源氏物語]

補助動詞……この春より思ひ嘆きはべるなり。
（この春から思い嘆いております。） [竹取物語]

ヤマを講義

174・180ページの例のように、敬語には、補助動詞がたくさん出てきます。

補助動詞とは、その動詞本来の動作を表す意味を失って、助動詞のように、上の動詞に、尊敬・謙譲・丁寧などの意味をそえるはたらきをする動詞をいいます。

上のそれぞれの例文の左側の「給ふ・たてまつる・はべり」は、それぞれ、「泣く・養ふ・思ひ嘆く」という動詞に、「給ふ」は尊敬、「たてまつる」は謙譲、「はべり」は丁寧の意をそえています。

一方、それぞれの右の例文の、「お与えになる」意の「給ふ」、「お差し上げる」意の「奉る」、「あります」意の「侍り」のように、その動詞本来の意で用いられる場合を、補助動詞と区別するために、便宜上、**本動詞**と呼ぶことがあります。

36 最高敬語と絶対敬語

1 ヤマを講義 最高敬語は「尊敬＋尊敬」！

最高敬語は二重尊敬で、地の文では「天皇・院(上皇・法皇)・中宮」など、高い身分の人にしか用いないのが原則ですが、会話文中では、幾分ゆるやかに用います。

尊敬の助動詞
…せ
…させ ＋ たまふ
…しめ　　　おはします　など

ただし、この形になっていても、「せ・させ・しめ」が「使役」のこともありますから注意しましょう。

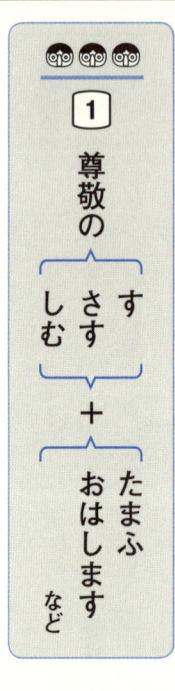

1 尊敬の ［す／さす／しむ］ ＋ ［たまふ／おはします］ など

例 主上、今年八歳にならせ給ふ。　　　　　［平家物語］
訳 帝は、今年八歳におなりになる。

例 御年六十二にて失せさせおはしましけり。　［大鏡］
訳 (冷泉院は)御年六十二歳でお亡くなりになった。

2 ヤマを講義 「れ給ふ・られ給ふ」は違う！

こちらは、「思す・仰す・御覧ず」などの尊敬語に、尊敬の助動詞「る・らる」がついた二重尊敬です。この形の場合も、「る・らる」が尊敬でなく、「受身・可能・自発」のこともあります。

なお、「る・らる」の下に「給ふ」がついた、

2 ［思す／仰す／御覧ず］ など ＋ 尊敬の ［る／らる］

例 いみじうゆかしく思さる。　　　　　　　［更級日記］
訳 (姫君は)とても知りたいとお思いになる。

例 法皇、「あれはいかに」と仰せられければ、　［平家物語］

訳 法皇が「あれはどうしたのだ」とおっしゃったので、

├─ …れ給ふ
└─ …られ給ふ

③ そもそもの最高敬語

例 親王、大殿籠らで明かし給うてけり。　[伊勢物語]
訳 親王は、おやすみにならないで、夜をお明かしになった。

例 いとどあはれと御覧じて、　[源氏物語]
訳 (帝は)いよいよとおしいとごらんになって、

④ 絶対敬語「奏す・啓す」

例 「よきに奏し給へ、啓し給へ」。
訳 「よいように帝に申し上げてください、中宮様にも申し上げてください」。　[枕草子]

ヤマを講義 ③ の「れ・られ」は尊敬にはなりませんから、この形は最高敬語ではありません。

ヤマを講義 敬意の度合い「++」の尊敬語

たまふ　（＋）── たまはす　（＋＋）
おはす　（＋）── おはします　（＋＋）
おぼす　（＋）── おぼしめす　（＋＋）
のたまふ　（＋）── のたまはす　（＋＋）
きこす　（＋）── きこしめす　（＋＋）
見たまふ　（＋）── 御覧ず　（＋＋）
寝たまふ　（＋）── 大殿籠る　（＋＋）

下段の語はそもそもの最高敬語です。

ヤマを講義 ④ 敬意の度合い「二」の謙譲語

「奏す」は、天皇・上皇・法皇に「申し上げる」場合にのみ用いる、「二」ランクの謙譲語です。
「啓す」は、中宮・皇后・皇太后・皇太子に「申し上げる」場合にのみ用いる、「二」ランクの謙譲語です。

演習ドリル

次の各文を、敬語に留意して口語訳せよ。傍線のあるものは傍線部のみでよい。

❶ ここに**おはする**かぐや姫は、重き病をし**給へ**ば、え出でおはしますまじ。　　　　　　　　　　　　〔竹取物語〕

❷ 〈ものわかりの悪いことを、〉**なのたまひそ**。〔竹取物語〕

❸ 〈袖が触れて倒れた徳利を見て〉法皇、「あれはいかに」と**仰せければ**、　　　　　　　　　　　　　〔平家物語〕

❹ 〈自分に求婚していた中納言の死を聞いて〉かぐや姫すこしあはれと**思しけり**。　　　　　　　　　　〔竹取物語〕

ヤマの解説

❶ 「おはする」「給へ」「おはします」は、いずれも尊敬語。「おはす」は「居り」の意の本動詞ですが、「給ふ」「おはします」は**補助動詞**です。
訳　ここにいらっしゃるかぐや姫は、重い気をなさっているので、出ておいでになることはできないだろう。

❷ 「のたまひ」は、「言ふ」の尊敬語です。「な…そ」の**禁止**の訳にも注意しましょう。
訳　おっしゃいますな（おっしゃってはいけません）。

❸ 「仰せ」は、「言ふ」の尊敬語です。平家打倒のクーデター計画の集まりで、京都東山の鹿ケ谷での、後白河法皇が、「瓶子」が倒れたのを見て言ったセリフです。
訳　〈法皇が〉「あれはどうしたのだ」とおっしゃったところ、

❹ 「思し」は、「思ふ」の尊敬語です。
訳　かぐや姫は、少し可哀想だとお思いになった。

❺ こちらの「思し」は、「疑ふ」の**上について補助動詞**として用いられています。光源氏が生まれた時の、弘徽殿の女御の心情を言っています。
訳　〈第一皇子の母の女御は〉お疑いになった。

❻ 「聞こしめし」は、「聞く」の尊敬語、「**おはしまし**」は尊敬の**補助動詞**です。「上にも」の「に」は格助詞ですが、「…におかせられて」のような敬意があります。

184

❺ 一の御子(第一皇子)の女御は〈第二皇子の源氏が皇太子になるのではないかと〉思し疑へり。
　[源氏物語]

❻ 上(帝)にも聞こしめして、〈こちらへ〉渡りおはしましたり。
　[枕草子]

❼ 汚き所のもの(汚れた人間の世界の食物を)聞こしめしたれば、御心地悪しからむものぞ(ご気分がお悪いでしょう)。
　[竹取物語]

❽ 「〈右近を〉呼べ」とて召せば、参りたり。
　[枕草子]

❾ 帝、御覧じて、御気色(ごきげん)がいとあしくならせ給ふ。
　[大鏡]

❿ 人々(女房たちは)いとかたはらいたし(きまりがわるい)

訳❼ 帝におかせられてもお聞きになって、おいでになった。月の都の人が、飲むと人間界のことを忘れる薬を、月に帰るかぐや姫にすすめる場面です。

訳❽ (汚れた人間の世界の食物を)めしあがったので、(ご気分がお悪いでしょう)。

訳❾ こちらの「聞こしめし」は、「食ふ」の尊敬語です。

訳❽ 「召せ」は、「呼ぶ(呼び寄す)」の尊敬語。「参り」は「来」の謙譲語です。
　〈右近を呼べ〉と言って呼び寄せると、参上した。

訳❾ 「御覧じ」は、「見る」の最高敬語。「せ給ふ」も、尊敬＋尊敬の最高敬語です。
　帝は、ごらんになって、ごきげんがたいそう悪くおなりになる。

と思ひて、「あなかま」と**聞こゆ**。　［源氏物語］

⑪「とく（早く参内なさいませ）」とそそのかし（すすめ）**聞こゆ**。　［源氏物語］

⑫**小野にまうでたる**に、比叡の山のふもとなれば雪いと高し。　［伊勢物語］

⑬憶良ら（私、憶良め）は　今は**まからむ**　［万葉集］

⑭**女をば**〈宮中から〉**まかで**させて、蔵に籠めて（とじこめて隠し）、　［伊勢物語］

⑮ありつる（さっきの）御文を**たまはり**て来。　［枕草子］

⑩「聞こゆ」は、「言ふ」の謙譲語。
訳（女房たちはたいそうきまりが悪いと思って）「しーっ」と申し上げる。

⑪訳 こちらの「聞こゆ」は、謙譲の**補助動詞**です。
（早く参内なさいませ）とおすすめ申し上げる。

⑫訳「まうで」は、「行く」の謙譲語。
隠棲している惟喬親王のもとに、正月に参上しようとする場面です。
訳 小野に参上したところ、（比叡山のふもとなので雪がたいそう深い）。

⑬訳「まから」は、「下がる・退出する。おいとまする」意の謙譲語です。
訳 私、憶良めは、今はもうおいとましよう。

⑭訳「まかで」も、「下がる。退出する」意の謙譲語です。「させ」は使役の助動詞。
⑮訳 女を退出させて、（蔵にとじこめて隠し）、
「来」は命令形です。

⑮訳「たまはり」は、「受く」の謙譲語で、「いただく」意。
⑯訳「つかうまつれ」は、「仕ふ」の謙譲語。
訳 右馬頭である翁がお仕えした。

⑰訳 さっきのお手紙をいただいて来い。
⑰訳「参らす」は、「差し上げる」意の謙譲語。「参る」にも「差し上げる」意はありますが、「参らす」は感覚的には

186

⑯〈親王の狩のお供に〉右馬頭なる翁〈＝業平〉つかうまつれり。　［伊勢物語］

⑰〈不死の〉薬の壺に〈かぐや姫からの〉御文そへ、〈帝に〉参らす。　［竹取物語］

⑱〈この御社の狛犬のいわれを〉ちと承らばや。　［徒然草］

⑲〈女御・更衣あまたさぶらひたまひける中に、　［源氏物語］

⑳女御・更衣の境に、利根川と申しさうらふ大河さうらふ。　［平家物語］

㉑〈あの花を〉夕顔と申しはべる。　［源氏物語］

⑱「承る」は「奉る」に近い語です。薬の壺にお手紙をそえて、差し上げる。
「承」は、ここでは「聞く」の謙譲語です。背中を向けて左右に座っている狛犬のいわれを聞いていますが、実は子供のいたずらだったという話です。ちょっとお聞きしたいものです。

⑲「さぶらひ」は、「仕ふ」の謙譲語、「たまひ」は、尊敬の補助動詞です。『源氏物語』の冒頭文の一部です。（女御や更衣が）おおぜいお仕えなさっていた（中に）、

⑳「申しさうらふ」の「さうらふ」は丁寧の補助動詞、「大河さうらふ」のほうは、「あり」の丁寧語で、本動詞です。ちなみに「申」も ここでは丁寧語です。（武蔵の国と上野の国との境に）利根川と申します大河がございます。

㉑「はべる」は丁寧の補助動詞、こちらの「申し」も丁寧語です。夕顔と申します。

37 尊敬の「給ふ」と謙譲の「給ふ」

1 尊敬の「給ふ」（四段活用）

① [尊敬の本動詞]
　お与えになる。くださる
② [尊敬の補助動詞]
　お…になる。…なさる
　…（て）いらっしゃる

未然	連用	終止	連体	已然	命令
たまは	たまひ	たまふ	たまふ	たまへ	たまへ

例 大御酒給ひ、禄給はむとて、つかはさざりけり。
　　　　　　　　　　　　　　　　　　　［伊勢物語］
訳 （親王は男に）お酒をくださり、ほうびの品をくださろうとして、帰してくださらなかった。

例 京のかたを見給ふ。　［源氏物語］
訳 （源氏は）京の方向を見ていらっしゃる（ご覧になる）。

ヤマを講義 1

「給は・給ひ・給ふ」は尊敬！

謙譲の「給ふ」には、言い切る形（終止形・命令形）の用例がありません。

ですから、見かけの上で、次のようになっていれば、尊敬か謙譲かは明白です。

- 尊敬の「給ふ」……四段活用
- 謙譲の「給ふ」……下二段活用

- 「給は・給ひ・給ふ」→ 尊敬
- 「給ふる・給ふれ」→ 謙譲

上の**例**は、いずれも「尊敬」と即決できる例です。

『伊勢物語』の**例**は、①の**本動詞**の例、『源氏物語』の**例**は、②の**補助動詞**の例です。

2 謙譲の「給ふ」（下二段活用）

[謙譲の補助動詞]
…（て）おります
…（させて）いただく

未然	連用	終止	連体	已然	命令
たまへ	たまへ	○	たまふる	たまふれ	○

例　盗人つかまつりけるをも知り**給へ**ず、
　　　　　　　　　　　　　　　　　[今昔物語集]
訳　盗人をいたしていたことも知りませんで、

例　年ごろいぶかしく思ひ**給へ**しことを、知れる人あり
と聞きて、　　　　　　　　　　　　　　[無名抄]
訳　長年疑問に思っておりましたことを、知っている人がい
ると聞いて、

例　世をまつりごたむにも、をさをさはばかりあるまじ
うなむ見**給ふる**。　　　　　　　　　　[源氏物語]
訳　世を治めるにあたっても、ほとんど心配はないであろう
と思っております。

---

2 ヤマを講義　謙譲は五つの動詞にのみつく！

謙譲の「給ふ」は、次の五つの動詞にしかつきません。

思ひ（ハ・四段）
知り（ラ・四段）　　　　　　たまへ
見（マ・上一段）　＋　　　　たまふる
聞き（カ・四段）　　　　　　たまふれ
覚え（ヤ・下二段）

ただし、尊敬の「給へ」もこれらの動詞にはつきますから、
即決してはいけません。
問題は、右の五つの動詞に「給へ」がついた場合です。
その場合は、「給へ」の活用形を判断します。

・「給へ」が**已然形・命令形**→尊敬
・「給へ」が**未然形・連用形**→謙譲

もうひとヤマ　複合動詞には間に入る！

謙譲の「給ふ」は言い切らないので、複合動詞につくと
きは、二語の間に入ります。

[思ひ**給へ**知る……謙譲
 思ひ知り**給ふ**……尊敬

演習ドリル

1 次の各文の傍線部ⓐ～ⓗの「給ふ」が、尊敬ならA、謙譲ならBの、記号で答えよ。また、❸・❹を口語訳せよ。

❶ 〈藤壺の宮は、亡き桐壺の更衣に〉いとよう似ⓐたまへり。　　　　　　　　　　　　　　　　　　［源氏物語］

❷ 〈帝は、歌を〉いとかしこく愛でⓑたまひて、かづけ物（ほうびの品を）ⓒ給ふ。　　　　　　　　［源氏物語］

❸ うちうちに（内々に）思ひⓓたまふるさまを、奏しⓔたまへ。　　　　　　　　　　　　　　　　［大和物語］

❹ みづからは（私自身は）えなむ思ひⓕたまへ立つまじき。　　　　　　　　　　　　　　　　　　［源氏物語］

❺〈守が〉かく思ひかけぬ（思いがけない）物をⓖ給ひたれば、限りなく（この上なく）うれしう思うⓗたまへて、これを布施にまゐらする（お布施として差し上げる）なり。　　　　　　　　　　　　　　　　　　　　　　［古本説話集］

ヤマの解説

1

◆「給は・給ひ・給ふ」は尊敬！

まず、四段活用にしかない「給は・給ひ・給ふ」の形であれば、尊敬です。ということは、ⓑ・ⓒ・ⓖは、尊敬。

◆「給ふる・給ふれ」は謙譲！

逆に、下二段活用にしかない「給ふる・給ふれ」であれば、謙譲です。
ⓓは、謙譲。

◆「思ひ・見」など以外の下は、尊敬！

謙譲の「給ふ」は、「思ひ・知り・見・聞き・覚え」にしかつきませんから、それ以外の動詞や助動詞が上にあれば、尊敬です。
ⓐ・ⓑ・ⓒ・ⓔ・ⓖは、尊敬。

◆「たまへ」の下との接続を見る！

あとは、「たまへ」（たまふ＝連用形のウ音便）」が上にあって、ⓕとⓗですが、ⓕは「思ひ立つ」という複合動詞の間に入っていて、「たまへ」は連用形です。ⓗは、下に「て」がありますから、これも連用形で、

❶ A	❶ A
❷ B	❷ A
❸ A	❸ A
❹ B	❹ B

2 次の各文の空欄 a ～ f に、「給ふ」を適当な形に活用させて入れよ。

❶〈大納言は〉え起き上がり a で、船底に伏し b り。
 [竹取物語]

❷〈私は〉六十にあまる年（六十も過ぎてから）めづらかなる物を見 c つる。
 [方丈記]

❸〈私としては〉、これを自分の）おもて歌（代表歌）となむ思ひ d 。
 [無名抄]

❹〈先日、亡き更衣の里の様子を〉典侍の奏し e しを、〈実際にお里にお伺いして見ると〉物思ひ f 知らぬ〈私のような者の〉心にも、げにこそ（本当に）いと忍びがたう侍りけれ。
 [源氏物語]

a	d
b	e
c	f

答
❶＝A ❶＝A
❷＝A ❷＝B
❸＝A ❸＝B
❹＝B ❹＝B
❺＝A ❺＝B
❻＝B ❻＝A
❼＝A ❼＝B
❽＝B ❽＝B

❸の訳 内々に（私が）思っております様子を、帝に申し上げて下さい。

❹の訳 私自身は思い立つことができそうにありません。

どちらも下二段になり、❻・❽ともに、謙譲。

◆ 空欄の上と下を見よ！

2 ❶で示した判断の基準に照らしますと、a・b・e は上の動詞から見て、四段活用の尊敬の「給ふ」が入るはずです。

a は、下に打消の接続助詞「で」がありますから未然形、b は、下に「サ未四已」接続の存続の「り」がありますから已然形、e は、下に過去の助動詞「き」の連体形「し」があありますから連用形。

c・d・f は、いずれも自分の「見・思ひ」ですから、謙譲としてよいでしょう。

c は、下に完了の「つ」の連体形「つる」という動作連用形、d は「なむ」の結びですから連体形、f は「思ひ知る」の間に入っていますから連用形になります。

答
a＝給は b＝給へ c＝給へ
d＝給ふる e＝給ひ f＝給へ

38 「参る」「奉る」の尊敬・謙譲の用法

1 参る（四段活用）

① [謙譲の本動詞]　参上する　うかがう
　　　　　　　　　参内する　入内する
　　　　　　　　　参詣する　出仕する

② [謙譲の本動詞]　差し上げる
　　　　　　　　　（何かを）してさしあげる

③ [尊敬の本動詞]　めしあがる　なさる

例　月日経て、若宮参り給ひぬ。　　　　　　　　[源氏物語]
訳　月日がたって、若宮は（宮中に）参内なさった。

例　親王に、右馬の頭、大御酒参る。　　　　　　[伊勢物語]
訳　親王に、右馬の頭が、お酒を差し上げる。

例　雪のいと高う降りたるを、例ならず御格子参りて、
　　　　　　　　　　　　　　　　　　　　　　　[枕草子]
訳　雪がたいそう高く降りつもっているのに、いつになく御
　　格子をお下ろしして、

ヤマを講義 1 訳出は文脈の中で判断！

「参る」は、上の①・②の謙譲の場合も、③の尊敬の場合も、どちらも四段活用ですから、「給ふ」のように文法的判断ができません。

①の用法の場合には、どこか身分のある人の所へ「参上する」のか、宮中に「参内する」のか、お后として天皇のもとに「参内する」のか、臣下として「出仕する」のか、お寺に「参詣する」のか、神社を「参拝する」のかなど、文脈で考える必要があります。

もうひとヤマ 何を「してさしあげる」のか？

②の用法はたいへん質問されやすいのですが、何を「してさしあげる」のかを、しっかり考えて訳さなければなりません。

上の『枕草子』の 例 は、格子部を「お下ろしして」ですが、同じ「御格子参る」でも、状況によっては、格子部を「お上げして」となることもあります。

例 心地もまことに苦しければ、ものもつゆばかり参らず。　［源氏物語］

訳 気分も本当につらいので、食事もほんの少しばかりもめしあがらない。

2 奉る（四段活用）

① [謙譲の本動詞]　差し上げる　献上する
② [謙譲の補助動詞]　お…する　お…申し上げる　…(して)さしあげる
③ [尊敬の本動詞]　おめしになる　めしあがる　お乗りになる

例 〈かぐや姫に〉御文奉り給ふ。　［竹取物語］
訳 お手紙を差し上げなさる。

例 〈かぐや姫は〉天の羽衣うち着せたてまつりつ。　［竹取物語］
訳 天の羽衣をお着せ申し上げた。

例 〈中宮様は〉白き御衣どもに、紅の唐綾をぞ、上に奉りたる。　［枕草子］
訳 白いお召しものの上に、紅色の唐綾の上着をおめしになっている。

ヤマを講義 2 「奉る」「参る」の尊敬に注意！

「奉る」「参る」とも、基本的には、代表的な謙譲語ですから、尊敬の意で用いられているケースには、細心の注意が必要です。

たとえば、

例 「壺なる御薬奉れ」。　［竹取物語］

とだけあれば、「壺に入っているお薬を献上せよ」と謙譲語に訳すことは可能ですが、ここは、月の都から、かぐや姫を迎えに来た月の都の人が、飲むと人間界のことを忘れる薬を、かぐや姫にすすめている場面です。そういう文脈の中で、「壺に入っているお薬をめしあがれ（おのみなさい）」と言っているのだと考えることになります。

例 「御髪参る」で「おぐしをとかしてさしあげる」になったり、「大殿油参る」で「あかりをともしてさしあげる」になったり、何をしてさしあげるのか、よく考えましょう。

演習ドリル

次の各文を「参る」「奉る(たてまつる)」の用法に注意して、口語訳せよ。

❶ 〈源氏の君は〉二、三日、内裏(うち)へも**参り**給はず。　　［源氏物語］

❷ 〈弘徽殿女御(こきでんのにょうご)は〉人（他のお后たち）より先に**参り**給ひて、　　［源氏物語］

❸ 〈朝になって〉掃部司(かもんづかさ)〈清掃などの雑役をする人〉**参り**て、御格子(みかうし)**参る**。　　［枕草子］

❹ 〈僧たちが〉加持(かぢ)（病気平癒の祈禱）など**参る**ほど、日高くさし上(のぼ)りぬ。　　［源氏物語］

◆ **謙譲か尊敬かの判断を慎重に！**　［ヤマの解説］

❶ 訳　「内裏(=宮中)へ」ですから、「参り」は謙譲語で、「参内する」。「給は」は尊敬。

❷ 訳　二、三日、宮中へも参内なさらない。これは、「お后」として宮内にあがるので、「入内(じゅだい)する」意です。「給ひ」は尊敬。

❸ 訳　他のお后たちより先に入内なさって、どちらの「参る」も謙譲語ですが、「御格子参る」は、ここでは、朝ですから、カーテンをあける感覚と同じで、「お上げする。上げてさしあげる」になります。

❹ 訳　掃部司が参上して、御格子を上げてさしあげる。「してさしあげる」でいいでしょう。

❺ 訳　加持などをしてさしあげるうちに、日が高くさしのぼった。具体的には、祈禱のための読経をする動作になります。

❻ 訳　「酒」があり、「酔ひて」に続きますから、ここは「飲む」ことで、**尊敬語**です。

❻ 訳　よそで酒などをめしあがり（お飲みになって）、酔って、「歌を」作って「献上」させる意です。

ここは、「歌を」作って「献上」「しめ」は下に「給ふ」がありますが、上に「人々を召して」があり

❺ ほか（よそ）にて酒など**参り**、酔ひて、　［大和物語］

❻ 人々を召して、事につけつつ（何かにつけて）歌を**奉ら**しめ給ふ。　［古今集］

❼ 九月二十日のころ、ある人に誘はれ**たてまつり**て、　［徒然草］

❽ 〈源氏は〉やつれたる（人目につかない）狩の御衣を**奉る**。　［源氏物語］

❾ 〈帝は〉御輿（お乗りもの）に**奉り**て、　［竹取物語］

ますから、使役。

❻ 訳　人々を召し寄せて、何かにつけて歌を献上させなさる。

❼ この「たてまつり」は、謙譲の補助動詞です。「れ」は受身です。　**補助動詞**
訳　九月二十日ごろ、ある人にお誘われ申し上げて、

❽ 「御衣を」とありますから、これは「お召しになる」意の、**尊敬**
訳　人目につかない狩のお召し物をお召しになっている。

❾ 「御輿に」ですから、これは「お乗りになる」意の、**尊敬**
の「奉る」です。
訳　御輿にお乗りになって、

39 敬意の方向と対象

敬意の方向の答え方

方向
- 誰から
  - 地の文中の場合……作者から
  - 会話文中の場合……話し手から
- 誰へ
  - 尊敬語……動作の主体へ
  - 謙譲語……動作の受け手（相手）へ
  - 丁寧語……読者または聞き手へ

対象

例 〈帝が〉「いづれの山か天に近き」と問はせ ⓐ給ふに、あ
る人 ⓑ奏す、「駿河の国にあるなる山なむ、この都も
近く、天も近く ⓒ侍る」。 [竹取物語]

訳 「どこの山が天に近いか」とお尋ねあそばすと、ある人
が申し上げるには、「駿河の国にあるという山が、都も
近く天も近うございます」と。

ヤマを講義　敬語の種類の判断が前提！

「敬意の方向」というのは、敬意が「誰から→誰へ」向か
っているか、ということです。

「敬意の対象」は、「誰へ」の部分のみで、つまり、「誰に
対する敬意を示しているか」です。

「誰から」については、その敬語が「地の文」（会話文では
ない、ふつうの部分）の中にある場合は、必ず「作者から」
です。ここを登場人物の誰かにしてはいけません。「会話
文」の中にある場合は、「話し手（会話の主）から」です。
会話文だって、作者がそう書いているんだから、つきつ
めれば「作者から」ではないのか…と理屈をこねたくなる
ところですが、これは、答え方の約束です。

「誰へ」については、その敬語が、「尊敬語」か、「謙譲語」
か、「丁寧語」かによりますから、答え方の性質上、その
単語レベルの問題として、敬語の種類　尊敬語・謙譲語・丁寧語の区別
ができることが大切です。

図（敬語の方向）

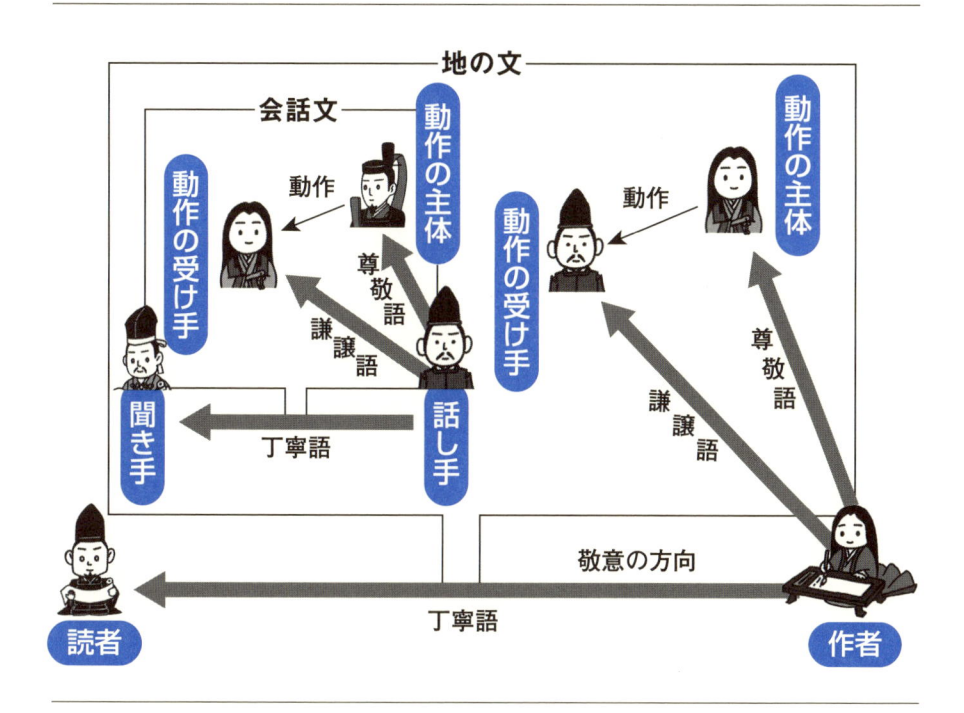

- 地の文
  - 会話文
    - 動作の主体
    - 動作（→ 動作の受け手）
    - 尊敬語
    - 謙譲語
    - 話し手 → 聞き手（丁寧語）
  - 動作の主体
  - 動作の受け手
  - 尊敬語
  - 謙譲語
- 作者 → 読者（丁寧語）
- 敬意の方向

ヤマの解説

右ページの『竹取物語』の例の中の、**ⓐ**「給ふ」、**ⓑ**「奏す」、**ⓒ**「侍る」の、敬意の方向を考えてみましょう。

ⓐ「給ふ」は、「給ふ」という形だけ見てもズバリ**尊敬語**の「給ふ」です。(188ページ)

地の文の中ですから、「作者」から。

「問はせ給ふ」の**動作の主体**は「帝」です。

▶答 作者 → 帝

ⓑ「奏す」は、「絶対敬語」と呼ばれる最高敬語レベルの謙譲語でした。(183ページ)

地の文の中ですから、やはり「作者」から。

「奏す」は「天皇に申し上げる」ことに決まっていますから、「奏す」の**動作の受け手**、つまり「申し上げられる」人は「帝」です。

▶答 作者 → 帝

ⓒ「侍る」は、「なむ」の結びの連体形で、「侍り」は、補助動詞であれば必ず**丁寧語**です。

会話文の中ですから、「話し手」から、「話し手」は「ある人」。

会話の「聞き手」（相手）は「帝」です。

▶答 ある人 → 帝

演習ドリル

1 次の文章中の傍線部ⓐ～ⓔの敬意の対象を、A～Cの記号で答えよ。

A 桐壺更衣　B 母君　C 帝

〈娘更衣の病状が〉日々に重りⓐ給ひて、ただ(本)の五、六日のほどに弱くなれば〈衰弱するので〉、母君、泣く泣くⓑ奏して、〈更衣を宮中から〉ⓒまかでさせⓓたてまつりⓔ給ふ。

［源氏物語］

2 次の文章中の傍線部ⓐ～ⓔの敬意の対象を、A～Cの記号で答えよ。

A 安徳天皇　B 二位殿　C 伊勢大神宮

〈幼い安徳天皇は〉小さくうつくしき御手を合はせ、まづ東を伏し拝み、伊勢大神宮に御いとま〈お別れを〉ⓐ申さ

せⓑ給ひて、その後西に向かはせⓒ給ひて御念仏ありしかば、〔二位殿が〕やがてⓓ抱きⓔ申し上げ、「波の下にも都のさぶらふぞ」と慰め奉りて、千尋の底へぞ入り給ふ。

［平家物語］

ヤマの解説

1
ⓐは尊敬語ですから、病状が「日々に重く」なっている当人(動作の主体)である**更衣**への敬意。

ⓑ「奏す」は「帝に申し上げる」という用い方をする、絶対敬語と呼ばれる謙譲語です。

ⓒの「まかづ」は、「退出する」意の謙譲語。退出する動作の主体は更衣で、**帝**のもとから、です。

ⓓは、退出させ「申し上げる」意の、謙譲の補助動詞。「退出させ申し上げる」動作の主体は母君で、その動作の受け手は、「退出させられる」**更衣**です。

ⓔは尊敬語ですから、更衣を「退出させ申し上げなさる」当人(動作の主体)である**母君**への敬意。

答 ⓐ＝A　ⓑ＝C　ⓒ＝C　ⓓ＝A　ⓔ＝B

2
ⓐは、「御いとま」を「申す」のは安徳天皇で、「申され」る」側、動作の受け手は**伊勢大神宮**になります。

ⓑは尊敬語ですから、「御いとま」を、申し上げなさる当人(動作の主体)である**安徳天皇**への敬意です。

ⓒは謙譲の補助動詞です。「抱き申し上げる」動作の主体は二位殿で、その動作の受け手、つまり「抱き申し上

198

せ給ひ、その後、西に向かひて御念仏ありしかば、二位殿〈安徳天皇の祖母〉やがていだきたてまつり、「波の下にも都の さぶらふぞ」と慰めたてまつつて、千尋の底〈深い海の底〉へぞ入り 給ふ。

[平家物語]

3 次の文章中の傍線部ⓐ〜ⓙの敬意の方向を、A〜Eの記号で答えよ。

A 大斎院（だいさいいん）
B 上東門院（じょうとうもんいん・彰子）
C 紫式部
D 作者
E 読者

大斎院より上東門院へ、「つれづれ慰みぬべき〈退屈が慰められるような〉物語や さぶらふ」と、尋ねまゐらせかまゐらすべき〈上東門院は〉紫式部を、召して、「何をかまゐらすべき〈差し上げたらよいか〉」と仰せられければ、〈紫式部が〉「めづらしき〈目新しい〉ものは何か侍るべき（何もございません）。新しく作りて、まゐらせ給へかし」と 申しけり。

[無名草子]

| ⓐ |
| ⓑ |
| ⓒ |
| ⓓ |
| ⓔ |

答
ⓐ＝C　ⓑ＝A　ⓒ＝A　ⓓ＝A　ⓔ＝B

3
「誰から」については、地の文の中にある、ⓑ・ⓒ・ⓔ・ⓘは、「作者」から。
ⓐは、大斎院の会話文中、ⓓは、上東門院の会話文中、ⓕ・ⓖ・ⓗは、紫式部の会話文中ですから、それぞれ、その「話し手」から。
「誰へ」は、1・2と同様に考えます。
ⓐは会話文中の丁寧語です。話し手は大斎院、聞き手は上東門院です。
ⓑは尊敬語ですから大斎院への敬意です。
ⓒも尊敬語ですから、紫式部を「召し」た、つまり呼び寄せた当人〈動作の主体〉である上東門院への敬意。
ⓓは「差し上げる」意の謙譲語です。「差し上げる」動作の主体は話し手である上東門院で、「差し上げる」相手は大斎院。

ⓐ	ⓓ	ⓖ
↓	↓	↓
ⓑ	ⓔ	ⓗ
↓	↓	↓
ⓒ	ⓕ	ⓘ
↓	↓	↓

4 次の文章中の傍線部ⓐ～ⓝの敬語の種類を答え、敬意の方向を、A～Dの記号で答えよ。

A 中納言（隆家）
B 中宮（定子）
C 作者（清少納言）
D 読者

中納言ⓐ参りⓑ給ひて、〈中宮様に〉御扇ⓒ奉らせ給ふに、「隆家こそ、いみじき骨（みごとな扇の骨）は得てⓓ侍れ。それを〈それに紙を〉張らせて、ⓔ参らせむとするに、おぼろけの紙（なみたいていの普通の紙）はえ張るまじければ、〈ふさわしいすばらしい紙を〉求めⓕ侍るなり」と、ⓖ申し給ふ。〈中宮様が〉「いかやうにかある（それはどのようなものであるのか）」と、問ひⓗきこえⓘさせⓙ給へば、「すべていみじう（すばらしゅう）ⓚ侍り。『さらにまだ見ぬ骨のさまなり』となむ、人々ⓛ申す。まことに、かばかりのは

答
ⓐ A→B　ⓓ B→A　ⓖ C→A
ⓑ D→A　ⓔ D→B　ⓗ C→B
ⓒ D→B　ⓕ C→B　ⓘ D→B

▼**4**
▼敬語の種類は、単語レベルの問題です。
ⓐ・ⓑ・ⓓ・ⓕ・ⓗ・ⓘ・ⓛ・ⓝは、尊敬語。
ⓒ・ⓔ・ⓖ・ⓜは、謙譲語。
ⓕ・ⓙ・ⓚは、丁寧語。
▼「誰から」
ⓐ・ⓑ・ⓔ・ⓕ・ⓖ・ⓗ・ⓘ・ⓛ・ⓜ・ⓝは、地の文の中にありますから、すべて「作者」から。

ⓔは尊敬語ですから、「仰せられた」当人（動作の主体）である**上東門院**への敬意。
ⓕは会話文中の丁寧語。話し手は紫式部、聞き手は**上東門院**です。
ⓖは謙譲語。新しく作った物語を「差し上げる」相手（動作の受け手）は**大斎院**です。
ⓗは尊敬語。新しく作った物語を、大斎院に「差し上げ」なさる」当人（動作の主体）は、**上東門院**。
ⓘは謙譲語です。紫式部が「申し上げた」相手（動作の受け手）は、**上東門院**です。

❶見えざりつる(これほどのものは見たことがない)」と、声高くのたまへば、「さては(それでは、それは)扇のにはあらで、❺海月のななり(海月の骨なのでしょう)」と、❻聞こゆれば、「これ、隆家が言にしてむ(私の言った冗談にしよう)」とて、笑ひ❼給ふ。

［枕草子］

ⓐ	ⓒ	ⓔ	ⓖ	ⓘ	ⓚ	ⓜ
↓	↓	↓	↓	↓	↓	↓
ⓑ	ⓓ	ⓕ	ⓗ	ⓙ	ⓛ	ⓝ
↓	↓	↓	↓	↓	↓	↓

▼「誰へ」

ⓒ・ⓓ・ⓙ・ⓚは、中納言の会話文中。

ⓐ「参る」動作の主体は中納言、受け手は中宮。
ⓑ「参上なさった」動作の主体は、中納言。
ⓒ「話し手は中納言、聞き手は中宮。
ⓓ「差し上げる」のは中納言、「もらう」のは中宮。
ⓔ「申す」動作の主体は中納言、受け手は中宮。
ⓕ「申し上げなさる」動作の主体は中納言、相手は中宮。
ⓖ「尋ね申し上げ」るのは中宮、相手は中納言。
ⓗ・ⓘ「させ給へ」は最高敬語。「尋ね申し上げあそばした」のは、中宮です。
ⓙ話し手は中納言、聞き手は中宮。
ⓚの「申」は丁寧語で「言っています」の意。話し手は中納言。聞き手は中宮。
ⓛ「おっしゃった」動作の主体は、中納言。
ⓜ「申し上げた」のは作者。相手は中納言。
ⓝ「お笑いになった」動作の主体は中納言。

答
ⓐ謙譲（C→B）　ⓑ尊敬（C→A）
ⓒ丁寧（A→B）　ⓓ謙譲（A→B）
ⓔ謙譲（C→B）　ⓕ尊敬（C→B）
ⓖ謙譲（C→A）　ⓗ尊敬（C→A）
ⓘ尊敬（A→B）　ⓙ謙譲（A→B）
ⓚ丁寧（A→B）　ⓛ尊敬（C→A）
ⓜ謙譲（C→A）　ⓝ尊敬（C→A）

読みのヤマ単 ⑥ 仏教語のベスト20

阿闍梨 読 あじゃり。 意 人を導く師となる、徳の高い僧。

往生 読 おうじょう(わうじやう)。 意 死んで、極楽浄土に生まれ変わること。

加持 読 かじ(かぢ)。 意 災厄や物の怪を払うために、仏に祈ること。

帰依 読 きえ。 意 神仏や高僧を信じ、教えに従うこと。

袈裟 読 けさ。 意 僧が衣の上に掛けて着る布。

験者 読 げんざ。 意 加持祈禱で霊験をあらわす行者。

後世 読 ごせ。 意 死後に生まれかわる世。来世。

勤行 読 ごんぎょう(ごんぎやう)。 意 仏道の修行。仏前での読経・念仏。

誦経 読 ずきょう(ずきやう)。 意 経を唱えること。

宿世 読 すくせ。 意 前世からの因縁。宿縁。宿命。

数珠 読 じゅず・ず。 意 念仏を唱える時に持つ仏具。

修法 読 ずほう(ずほふ)。 意 加持祈禱を行うこと。「しゅほう」ともいう。

僧都 読 そうず(そうづ)。 意 僧正に次ぎ、律師の上に位する僧官。

聖 読 ひじり。 意 徳の高い僧。

布施 読 ふせ。 意 他人に施しを与えること。

菩提 読 ぼだい。 意 煩悩(人を悩ます欲望)を断って、悟りの境地に入ること。

発心 読 ほっしん。 意 出家すること。仏道に入ること。

冥途 読 めいど。 意 死後、霊魂が行く所。あの世。

物怪 読 もののけ。 意 人間にとりついて、病気にしたりする死霊・生霊。

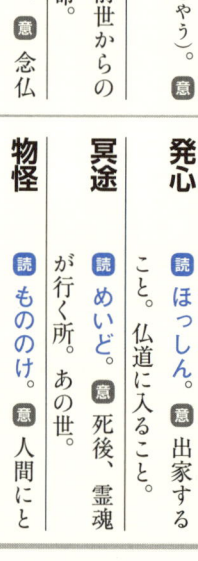

黄泉 読 よみ。 意 死後、霊魂が行く所。あの世。

PART 9

和歌の修辞ヤマのヤマ

「枕詞」「序詞」「縁語」もあるが、「掛詞」が圧倒的に大事！

和歌は文の中では「会話」や「手紙」！
質問は圧倒的に「掛詞」だが、
枕詞・序詞・縁語などが
解釈に生きることもある。
百人一首などの有名な歌で
典型的な修辞を覚えておこう！

40 掛詞（かけことば）

ヤマを講義　一語に二つの意味を掛ける！

「掛詞（懸詞）」は、一つの語に、発音の同じ二つの語の意味を重ねる修辞法です。

たとえば、例にあげた「秋の野に…」では、「まつ」の部分が掛詞になっているのですが、これは、上にある「人」から来て、「人を待つ」意味の「待つ」と、下にある「虫」につながって、「松虫」という虫の名前の一部になる、二つの意味を持っています。

秋の野に　人　まつ　虫の　声すなり
　　　　　　↓待つ
　　　　　松→虫の

もうひとヤマ　掛詞は二つの意味を訳す！

「掛詞」は、口語訳するときには、重ねられている二つの意味を、訳します。

「秋の野に…」の歌の右の上の句は、「秋の野に、人を待って鳴く松虫の声がするようだ。」のように訳します。

例
秋の野に　人**まつ**虫の　声すなり　我かと行きて　いざとぶらはむ

訳 秋の野に、人を**待**って鳴く**松**虫の声がするようだ。私を待っているのかと、さあ、行ってたずねてみよう。　　［古今集］

例
山里は　冬ぞさびしさ　まさりける　人目も草も　**かれ**ぬと思へば

訳 山里は冬がいっそう寂しさもまさることだ。人の訪れも**遠のき**、草も**枯れ**てしまうと思うと。　　［古今集］

例
大江山　**いく**野の道の　遠ければ　まだ**ふみ**も見ず　天の橋立

訳 大江山を越えて**生野**へ**行く**道が遠いので、天の橋立の地はまだ自分の足で**踏ん**でみたこともなく、（母からの）**文**（手紙）もまだ見てはいない。　　［金葉集］

掛詞ベスト55

※青色で示したのは特に重要な20の掛詞です。

① **あかし**──明し（明るい）・明石（地名）

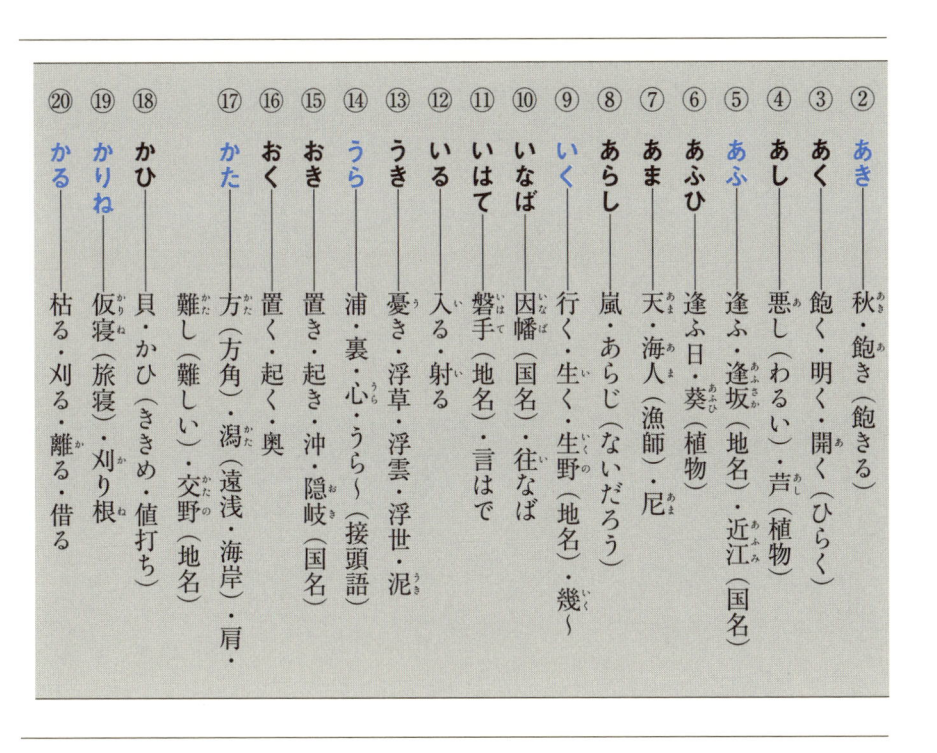

② あき————秋・飽き（飽きる）
③ あく————飽く・明く・開く（ひらく）
④ あし————悪し（わるい）・芦（あし）
⑤ あふ————逢ふ・逢坂（あふさか）（地名）・近江（あふみ）（国名）
⑥ あふひ———逢ふ日・葵（植物）
⑦ あま————天・海人（あま）（漁師）・尼
⑧ あらし———嵐・あらじ（ないだろう）
⑨ いく————行く・生く・生野（いくの）（地名）・幾（いく）〜
⑩ いなば———因幡（国名）・往なば
⑪ いはて———磐手（地名）・言はで
⑫ いる————入る・射る
⑬ うき————憂き・浮草・浮雲・浮世・泥
⑭ うら————浦・裏・心・うら〜（接頭語）
⑮ おき————置き・起き・沖・隠岐（国名）
⑯ おく————置く・起く・奥
⑰ かた————方（かた）（方角）・潟（かた）（遠浅・海岸）・肩・難し（難しい）・交野（かたの）（地名）
⑱ かひ————貝・かひ（ききめ・値打ち）
⑲ かりね———仮寝（旅寝）・刈り根
⑳ かる————枯る・刈る・離る・借る

もうひとヤマ ひらがなの用言・体言に注意！

「声すなり」の「なり」は、サ変の終止形についていますし、虫の声という聴覚の要素もありますから、推定の助動詞の「なり」です。

和歌の修辞法の問題では、圧倒的に「掛詞」が重要です。よく出るのは、文中の和歌の中から「掛詞」を見つけて、掛けられている二つの意味を、違いがわかるように漢字で書き分けて答えよ、というタイプの設問です。

その場合、答の掛詞は、**ふつうなら漢字があてはめてありそうな用言や体言、つまり、動詞・形容詞・名詞が、不自然にひらがなになっている**ことが多いので、気をつけて見てみましょう。

さきほどの 例 の「かれ」もそうでしょう。二つめの「山里は…」の 例 の「まつ」もそうですが、「草も」から考えれば、当然「枯れ」と書いてあってもよさそうなものです。これは、

人目も草も ┬→ 離れ
　　　かれ　　ぬと思へば
　　　　　　└→ 枯れ

のように、上からの二つの意味が重ねられていて、「人の訪れも**離れ**（**遠のき**）、草も**枯れ**てしまうと思うと」と訳し

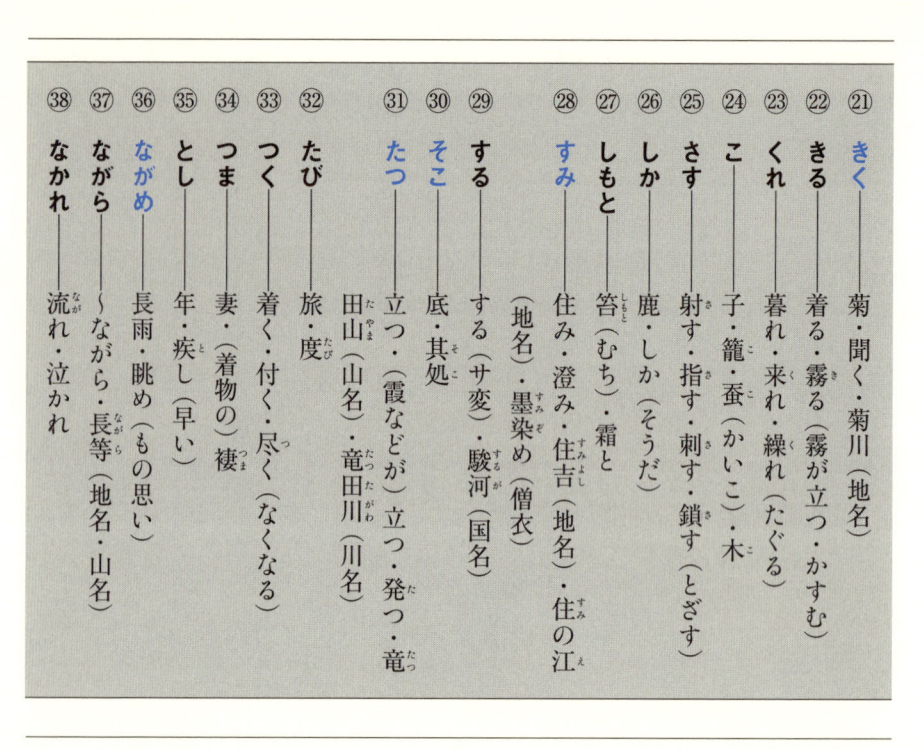

㉑ きく ── 菊・聞く・菊川（地名）
㉒ きる ── 着る・霧る（霧が立つ・かすむ）
㉓ くれ ── 暮れ・来れ・繰れ（たぐる）
㉔ こ ── 子・籠・蚕（かいこ）・木
㉕ さす ── 射す・指す・刺す・鎖す（とざす）
㉖ しか ── 鹿・しか（そうだ）
㉗ しもと ── 笞（むち）・霜と
㉘ すみ ── 住み・澄み・住吉（地名）・住の江
㉙ する ── （地名）・墨染め（僧衣）
㉚ そこ ── 底・其処
㉛ たつ ── 立つ・（霞などが）立つ・発つ・竜田山（山名）・竜田川（川名）
㉜ たび ── 旅・度
㉝ つく ── 着く・付く・尽く（なくなる）
㉞ つま ── 妻・（着物の）褄
㉟ とし ── 年・疾し（早い）
㊱ ながめ ── 長雨・眺め（もの思い）
㊲ ながら ── 〜ながら・長等（地名・山名）
㊳ なかれ ── 流れ・泣かれ

もうひとヤマ 一つの歌に二つ、三つの例も！

掛詞は、一つの歌に一つとは限りません。三つめの「大江山…」の 例 のように、二つある場合もありますし、もっと多いこともありますが、三つ以上もあるような場合にそれを指摘させる質問をすることは、ほとんどないと思います。

「大江山…」の場合、

大江山　行く　（越えて行く）
　　　↓
　　　いく
　　　↓
　　　生 ─ 野の道（地名）　遠ければ

まだ　踏み　（自分の足で踏んだこともない）
　　　↓
　　　ふみ　─ も見ず
　　　↓
　　　文　　（手紙も見ていない）

のようになっています。有名な歌人和泉式部の娘の小式部内侍が、歌がうまいのは丹後の地にいる母に教えてもらっているからだろうとからかわれた時に、とっさに言い返した歌です。

三つある、かなり複雑な 例 を一つ見てみましょう。

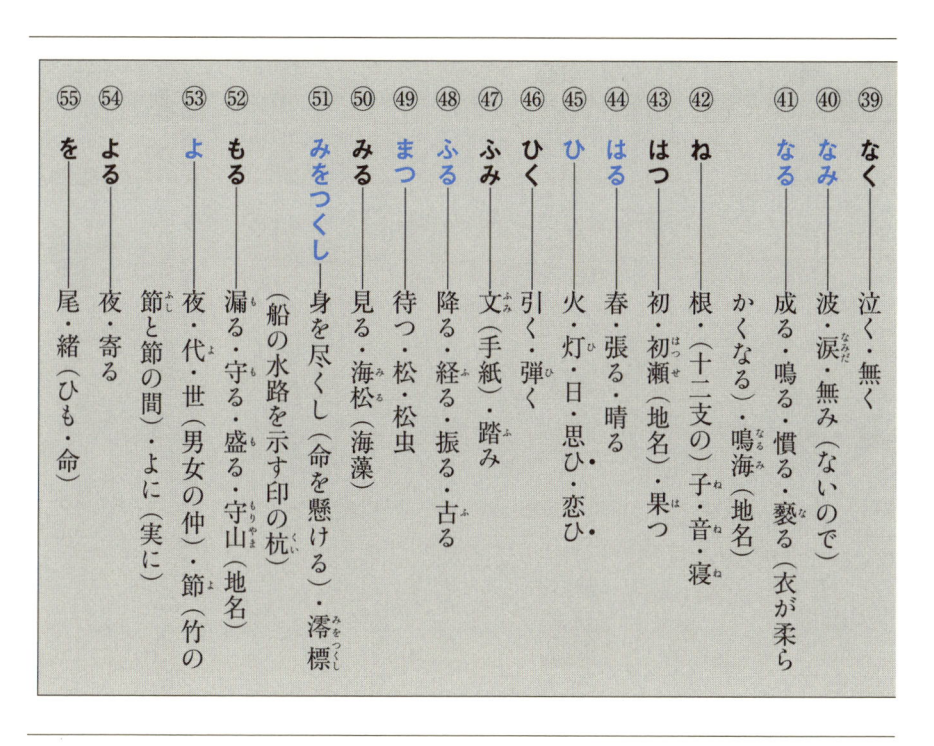

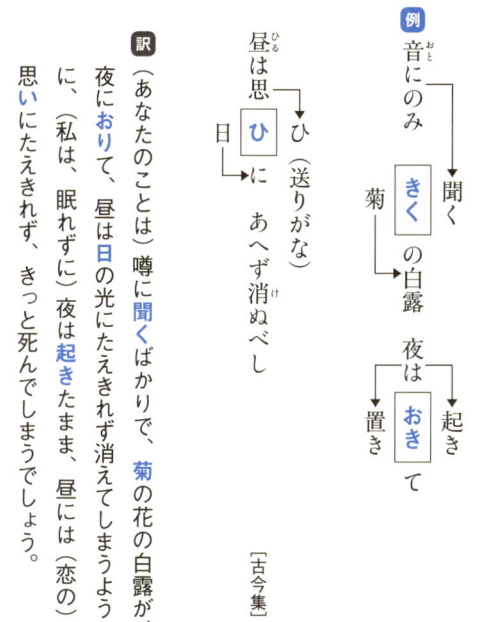

㊴ **なく**――泣く・無く
㊵ **なみ**――波・涙・無み（ないので）
㊶ **なる**――成る・鳴る・慣る・褻る（衣が柔らかくなる）・鳴海（地名）
㊷ **ね**――根・（十二支の）子・音・寝
㊸ **はつ**――初・初瀬（地名）・果つ
㊹ **はる**――春・張る・晴る
㊺ **ひ**――火・灯・日・思ひ・恋ひ
㊻ **ひく**――引く・弾く
㊼ **ふみ**――文（手紙）・踏み
㊽ **ふる**――降る・経る・振る・古る
㊾ **まつ**――待つ・松・松虫
㊿ **みる**――見る・海松（海藻）
51 **みをつくし**――身を尽くし（命を懸ける）・澪標（船の水路を示す印の杭）
52 **もる**――漏る・守る・盛る・守山（地名）
53 **よ**――夜・代・世（男女の仲）・節（竹の節と節の間）・よに（実に）
54 **よる**――夜・寄る
55 **を**――尾・緒（ひも・命）

例 音にのみ **きく**（→聞く／→菊）の白露 夜は **おき**（→起き／→置き）て

昼は思 **ひ**（→ひ（送りがな）／→日）に あへず消ぬべし

［古今集］

訳 （あなたのことは）噂に**聞く**ばかりで、**菊**の花の白露が、夜に**おり**て、昼は**日**の光にたえきれず消えてしまうように、（私は、眠れずに）夜は**起き**たまま、昼には（恋の）思**い**にたえきれず、きっと死んでしまうでしょう。

演習ドリル

次の❶～❼の和歌の文の掛詞を指摘し、掛けられている二つの意味（語）を答えよ。また、❶・❷・❺の傍線部を口語訳せよ。

❶ 照る月を　弓張り（弓張り月）としも　言ふことは　山べ（山の辺）をさして　いればなりけり　[大鏡]

❷ 都をば　〈春に〉霞とともに　たちしかど　〈もう〉秋風ぞ吹く　白河の関　[後拾遺集]

❸ み吉野は　山もかすみて　白雪の　ふりにし里に　春は来にけり　[新古今集]

◆ヤマの解説

ヤマの解説

◆ 歌の中の形のまま抜き出す！

❶ 「いれ」に、山辺に月が「入る」意味と、弓張り月（弓の弦を張ったような形をしている、ここでは上弦の月）にかけて、「弓」を「射る」意味が掛かっています。
答 いれ＝入れ・射れ
訳 照る月を「弓張り月」というのは、山の辺りをさして矢を射るように、月が入るからなのだなあ。

❷ 「たち」に、霞が「立つ」意味と、出発する「発つ」意味が掛かっています。
答 たち＝立ち・発ち
訳 都を春霞が立つころに旅立ったが、もう秋風が吹いているよ、白河の関では。

❸ 「ふり」に、雪が「降る」意味と、昔離宮があった吉野の地が、年月を経て古くなっている意味の「古（旧）る」が掛かっています。
答 ふり＝降り・古（旧）り
訳 吉野は山も霞におおわれて、白雪の降っていた、この昔離宮のあったこの里にも、春はやってきたのだなあ。

❹ 「あふ」に、人に「逢ふ」意味と、「逢坂の関」の地名が掛かっています。

❹これやこの　（ここがまあ）　行く〈人〉も帰る〈人〉も
別れては　知る〈人〉も知らぬ〈人〉も　あふ坂の関
　　　　　　　　　　　　　　　　　　　　　　[後撰集]

❺花の色は　うつりにけりな　（色あせてしまったなあ）　い
たづらに　（なすこともなく）　わが身世にふる　ながめ
せし間に　　　　　　　　　　　　　　　　　　　[古今集]

❻立ち別れ　いなばの山の　峰に生ふる　〈あなたが〉ま
つとし聞かば　今（すぐに）帰り来む　　　　　　[古今集]

❼わびぬれば　（あなたに逢えずつらいので）　今はた同じ（今
はもう身を捨てたも同じです）　難波なる　みをつくして
も　〈あなたに〉逢はむとぞ思ふ　　　　　　　　[後撰集]

❹
答　あふ＝逢ふ・逢（坂）
訳　ここがまあ、行く人も帰る人もここで別れ、知っている人も
　　知らない人も出会うという逢坂の関なのだなあ。

❺
答　「ふる」に、時が経過する意味の「経る」と「降る」、「な
　　がめ」に、物思いにふける意味の「眺め」と「長雨」が掛
　　かっています。
訳　花の色はすっかりあせてしまったなあ。なすこともなく、降
　　り続く春の長雨に、もの思いにふけって時をすごしているう
　　ちに。

❻
答　「いなば」に、去ってしまう意味の「往なば」と国名の
　　「因幡」、「まつ」に「松」と「待つ」が掛かっています。
　　「いなばの山の峰に生ふる」は松を導く序詞にもなって
　　います。
訳　あなたに別れて去って行くが、因幡の山の峰に生える松では
　　ないが、あなたが待つと聞いたら、すぐにでも帰って来よう。

❼
答　「みをつくし」に、難波江にある「澪標」の意味と「身を
　　尽くし」の意味が掛かっています。
訳　あなたに逢えずつらいので、今はもう身を捨てたも同じです。
　　難波にある澪標のように、この身を尽くしても、あなたに逢
　　おうと思う。

41 枕詞（まくらことば）

ヤマを講義
原則五音、まれに四音も！

「枕詞」は、ある語を導き出すために、その語の前に置く修飾語（かざりの語）です。口語訳をする場合には、訳出する必要はありません。

まれに、「うまさけ」「そらみつ」のように四音のものもありますが、ほとんどは五音です。

ヤマを講義
枕詞とかかる語は固定している！

「あをによし」は「奈良」、「くさまくら」は「旅」のように、枕詞は、どのような語にかかるかが決まっています。すべて覚えるほどの重要度はありませんが、主なものは覚えておきましょう。

例 **あをによし** 奈良 の都は　咲く花の　にほふがごとく　いまさかりなり　[万葉集]

訳 奈良の都は、咲く花が色美しく照りかがやくように、今が盛りであるよ。

例 家にあれば　笥に盛る飯を　草まくら　**くさまくら** 旅 にしあれば　椎の葉に盛る　[万葉集]

訳 家にいれば食器に盛る飯を、（今は囚われの）旅先であるので、椎の葉に盛ることだ。

例 **ひさかたの** 光 のどけき　春の日に　しづ心なく　花の散るらむ　[古今集]

訳 日の光ものどかな春の日に、どうして落ちついた心もなく花は散るのだろうか。

枕詞ベスト60

※青色で示したのは特に重要な20の枕詞です。

① **あかねさす**（茜さす）……茜色に美しく輝く。 → 日・昼・月・紫・君
② **あきづしま**（蜻蛉島）……大和の国・日本の古い呼び名。 → 大和（国名）
③ **あさぢふの**（浅茅生の）……低いチガヤがまだらに生えた野原。 → 小野（地名）
④ **あさつゆの**（朝露の）……すぐに消える朝の露。 → 消・命・置く
⑤ **あしひきの**（足引きの）……足が引かれる。山裾を長く引く。 → 山・峰・尾の上
⑥ **あづさゆみ**（梓弓）……梓の木で作った弓。 → 引く・張る・春・射る・本・末
⑦ **あまざかる**（天離る）……空が遠くはなれている。 → 鄙（田舎）・向かふ
⑧ **あまづたふ**（天伝ふ）……空を伝い行く。大空をめぐる。 → 日・入り日
⑨ **あまとぶや**（天飛ぶや）……空を飛ぶ。 → 雁・軽（地名）・鳥
⑩ **あらたまの**（新玉の）……（未詳）時があらたまる。 → 年・月・日・春
⑪ **あをによし**（青丹よし）……顔料・染料にする青土。 → 奈良（地名）・国内
⑫ **あをやぎの**（青柳の）……細い青柳の葉のような。 → 糸・いと・細き眉根・葛城山
⑬ **いさなとり**（勇魚取り）……くじらを獲る。 → 海・浜・灘
⑭ **いそのかみ**（石上）……奈良の布留（地名）の一帯。 → 古（旧）る・降る・布留（地名）
⑮ **いはばしる**（石走る）……岩の上を勢いよく水が流れる。 → 垂水・滝・近江（地名）
⑯ **うつせみの**（空蟬の）……蟬のぬけがら。はかないイメージ。 → 世・命・人・身
⑰ **うつそみの**（現身の）……現世の。 → この世の人間。現世。 → 世・命・人・身
⑱ **うばたまの**（烏羽玉の）……烏の黒々とした羽のような。 → 黒・闇・夜・夢

⑲	うまさけ（味酒）	……味のよいおいしい酒。	三輪（地名）・三諸（地名）
⑳	おきつも（沖つ藻の）	……沖に生えている藻。	なびく・名張（地名）
㉑	おくつゆの（置く露の）	……はかなく消える露が降りる。	玉・かかる
㉒	かぎろひの（陽炎の）	……かげろうが立つ。	春・燃ゆ
㉓	かむかぜの（神風の）	……神が起こす激しい風。	伊勢（国名）
㉔	からころも（唐衣）	……中国風の美しい衣服。	着る・たつ・かへす・裾・袖・紐
㉕	くさまくら（草枕）	……草を結んで旅寝の枕にする。	旅・結ぶ・露
㉖	くずのはの（葛の葉の）	……くずの葉が風に吹かれて裏返る。	裏・心・恨み
㉗	くれたけの（呉竹の）	……中国産の竹。	節・世・代・夜・伏見（地名）
㉘	ささなみの（楽浪の）	……琵琶湖の中南部沿岸地方の古名。	志賀（地名）・大津（地名）
㉙	さねさし	……（不明）地名説がある。	相模（国名）
㉚	しきしまの（敷島の）	……大和の国・日本の古い呼び名。	大和（国名）
㉛	しろたへの（白妙の）	……白い布。	衣・袂・袖・紐・雪・雲・波
㉜	そらみつ	……天の磐舟で空から見下ろした。	大和（国名）
㉝	たたなづく（畳なづく）	……幾重にも重なり合っている。	青垣
㉞	たまかぎる（玉かぎる）	……玉が淡い光を放っている。	夕・日・ほのか・はろか
㉟	たまかづら（玉葛）	……長くつるが伸びた美しい葛。	長し・延ふ・絶ゆ・花・実
㊱	たまきはる（魂極る）	……（不明）魂がきわまる。	世・命・吾・宇智（地名）
㊲	たまくしげ（玉櫛笥）	……櫛などを入れる美しい箱。	あく・おく・覆ふ・蓋・箱・身
㊳	たまだすき（玉襷）	……神事に使うすばらしいたすき。	掛く・畝火（地名）
㊴	たまづさの（玉梓の）	……便りを運ぶ使者の持つ梓の杖。	使ひ・人・妹

㊵ **たまのをの**（玉の緒の）……美しい宝玉を貫くひも。――→長し・短し・絶ゆ・乱る・継ぐ
㊶ **たまほこの**（玉鉾の）……玉で飾った美しい矛。道。――→道・里
㊷ **たまもかる**（玉藻刈る）……美しい藻を刈る。――→沖・敏馬（地名）・処女
㊸ **たまもなす**（玉藻なす）……美しい藻のように。――→なびく・寄る・浮かぶ
㊹ **たらちねの**（垂乳根の）……お乳をくださる。乳が足りる。――→母・親
㊺ **ちはやぶる**（千早振る）……勢いが激しい。荒々しい。――→神・宇治（地名）・氏
㊻ **つゆじもの**（露霜の）……露や霜のように。――→消・置く・過ぐ・秋
㊼ **とぶとりの**（飛ぶ鳥の）……明日香にあった飛鳥浄御原宮から。――→飛鳥（地名）・速し
㊽ **ともしびの**（灯火の）……明るいともし火のような。――→明石（地名）
㊾ **とりがなく**（鳥が鳴く）……鳥の鳴き声のような。――→東（関東地方）
㊿ **なつくさの**（夏草の）……野に夏草が生い茂る。――→野島（地名）・思ひしなゆ・深し
(51) **ぬばたまの**（射干玉の）……黒いヒオウギ（植物）の実。――→夜・夕・夢・黒・髪・妹・夢・月
(52) **ははそはの**（柞葉の）……ブナ科の落葉樹の葉。――→母
(53) **ひさかたの**（久方の）……（未詳）はるかな方。――→光・月・天・雨・空・雲
(54) **ふゆごもり**（冬籠り）……冬の間とじこもっている。――→春・張る
(55) **みすずかる**（水篶刈る）……すず竹を刈る。――→信濃（国名）
(56) **もののふの**（物部の）……朝廷に仕えた大勢の文官・武官。――→八十・宇治（地名）・氏・五十
(57) **ももしきの**（百敷の）……多くの石や木で造られた城。――→大宮
(58) **やくもたつ**（八雲立つ）……多くの白雲が立ちのぼる。――→出雲（国名）
(59) **ゆふづくよ**（夕月夜）……ほのぐらい夕方の月。――→暁闇・小倉山・入る
(60) **わかくさの**（若草の）……みずみずしい若い草。――→夫・妻・新〜

演習ドリル

次の❶～❿の歌の □ に、後の語群から適切な枕詞を選び、a～jの記号で答えよ。

❶ □ 新枕すれ
年の三年を 待ちわびて ただ今宵こそ 新枕すれ

❷ □ 水くくるとは
神代も聞かず、竜田川 からくれなゐに 水くくるとは 〔伊勢物語〕

❸ □ なりにけるかも
垂水の上の さ蕨の もえ出づる春に なりにけるかも 〔万葉集〕

❹ □ 君が袖ふる
紫野行き 標野行き 野守は見ずや 君が袖ふる 〔万葉集〕

❺ □ 雲立ちわたる
山川の瀬の 鳴るなへに 弓月が岳に 雲立ちわたる 〔万葉集〕

❻ 武蔵野は 今日はな焼きそ □ つまもこもれり 我もこもれり 〔伊勢物語〕

❼ □ に 夜のふけゆけば 久木生ふる 清き川原に 千鳥しば鳴く 〔万葉集〕

❽ □ 大宮人は 暇あれや 梅をかざして ここに

ヤマの解説

❶ 「年」にかかる枕詞は、「**あらたまの**」。
訳 三年もの間あなたを待ちわびて、ちょうど今夜（他の人と）新たに枕をかわすのです。

❷ 「神」にかかる枕詞は、「**ちはやぶる**」。「勢いが強い。荒々しい」意の動詞「ちははやぶ」の連体形で、荒々しく恐ろしい「神」のイメージを導きます。
訳 神代にも聞いたことがない。この竜田川の水を深紅にくくり染めるとは。

❸ 「垂水」にかかる枕詞は、「**いはばしる**」。
訳 滝のほとりのわらびが芽をふく春に（もう）なってしまったことだなあ。

❹ 「紫」にかかる枕詞は、「**あかねさす**」。額田王が大海人皇子に歌いかけた有名な歌です。
訳 紫草の野を行き（ご料地の）標野を行きながら野の番人が見はしないでしょうか、あなたがそんなに袖をお振りになるのを。

❺ 「山」にかかる枕詞は、「**あしひきの**」。
訳 山の中の川の瀬音が激しく鳴るにつれて、弓月が岳に雲がわき上ってくる。

❻ 「つま」にかかる枕詞は、「**わかくさの**」。「な…そ」は禁止です。

こに集（つど）へる　〔万葉集〕

❾ [　　] 鄙（ひな）の長道（ながぢ）ゆ　恋ひ来れば　明石（あかし）の門（と）より　大和島（やまとじま）見ゆ　〔万葉集〕

❿ [　　] 母を別れて　まこと我　旅の仮庵（かりほ）に　安く寝むかも　〔万葉集〕

a　あかねさす　　b　あしひきの
c　あまざかる　　d　あらたまの
e　いはばしる　　f　たらちねの
g　ちはやぶる　　h　ぬばたまの
i　ももしきの　　j　わかくさの

❶	❻
❷	❼
❸	❽
❹	❾
❺	❿

訳 武蔵野は、今日は焼かないでくれ。あの人もこもっているし、私もこもっているのだから。

❼「**夜**」にかかる枕詞は、「**ぬばたまの**」。

訳 夜がふけてゆくと、久木の生い茂る美しい川原に千鳥がしきりに鳴いている。

❽「**大宮**」にかかる枕詞は、「**ももしきの**」。

訳 大宮人はひまがあるからなのか、梅を髪に飾ってここ（春日野）に集まっているよ。

❾「**鄙**（田舎）」にかかる枕詞は、「**あまざかる**」。

訳 田舎の長い道中を、都を恋しく思いながらやってくると、明石海峡から大和の山々が見える。

❿「**母**」にかかる枕詞は、「**たらちねの**」。

訳 母に別れて、ほんとうに私は旅の仮屋に安らかに寝られようか。

答
❶＝d　❷＝g
❸＝e　❹＝a
❺＝b　❻＝j
❼＝h　❽＝i
❾＝c　❿＝f

42 序詞（じょことば）

ヤマを講義　序詞は作者の創作の飾り！

「序詞」は、ある語を、さまざまなイメージによって導き出すための飾りという点では、「枕詞」と同じですが、違いがあります。

① **六音以上**（五・七、五・七・五など）で、枕詞より長い。
② **作者の創作**で、枕詞のように**固定していない**。
③ 歌の主旨には関係がないが、**訳す**。

②のポイントが重要です。

たとえば、① の『万葉集』の例は、「長い」ということを導きたいために、「あしひきの山鳥の尾のしだり尾の」と、「長い」イメージを持ってきているのですが、「長い」ことを言いたい時に、常にこの序詞を用いるわけではなく、これはあくまで、作者柿本人麻呂の創作なのです。この「あしひきの…」などは、歌の主旨に関係がありませんが、② の『古今集』の例の「ほととぎす…」関

1 比喩による序詞
（…のように／…のような）

例
あしひきの山鳥（やまどり）の尾のしだり尾の <u>長々し夜を一人かも寝む</u>
〔万葉集〕

訳
山鳥のしだれた尾が長い**ように**、長い長い夜を私は一人で寝るのだろうか。

2 同音の反復による序詞

例
瀬（せ）をはやみ岩にせかるる滝川の <u>われても末（すゑ）にはむとぞ思ふ</u>
〔詞花集〕

訳
川の流れが早いので岩に邪魔される急流の**ように**、（私たちも）別れてもいつかまた会おうと思う。

例 **ほととぎす鳴くや五月のあやめ草** あやめも知らぬ恋もするかな　　[古今集]

訳 ほととぎすが鳴く五月のあやめ草、その**あやめではない**が、私はもののあやめ（道理）もわからないような夢中な恋をすることだ。

例 **駿河なる宇津の山べの** うつつにも夢にも人にあはぬなりけり　　[新古今集]

訳 駿河にある宇津の山のほとりに来て、**そのうつではない**が、うつつ（現実）にも夢にも恋しいあなたに逢わないことだなあ。

③ 掛詞にかかる序詞

例 **かすみ立ち木の芽も張る**（張る）　　　（春）　　はるの雪降れば花なきぞ散りける　　[古今集]

訳 霞も立ち、木の芽も張る（芽ぶく）、**春**の雪が降ると、花の（まだ咲いてい）ないこの里にも花が散っていることだ。

ヤマを講義　序詞の見つけ方

のように、その恋が、ほととぎすが鳴き、あやめの咲く季節だったのかもしれないと思わせるような、歌意に関連がありそうな例もあります。

① **比喩**の「の」があって、その「の」の上の部分が、下の内容に直接関係がなく、「の」の下の語を導くための飾りになっている部分がないか。

② 比喩の「の」はないが、①のようになっている部分がないか。

③ **同音**、または**似たような音**の重なっているところがないか。その場合も、①のように、上の部分が下の語を語調によって導くためのもので、下の内容に直接関係がないことが条件。

④ **掛詞**ととるべき語があって、その上の部分が、やはり下の内容に直接の関係のない部分がないか。

演習ドリル

次の❶～❼の歌の中の序詞の部分を指摘せよ。(右側に――線をつけて答えよ)また、❶・❷・❸・❹・❺・❻を口語訳せよ。

❶ 春日野（かすがの）の　雪間（ゆきま）（雪どけの間）をわけて　生（お）ひ出でくる　草のはつかに（わずかに）　見えし君はも
　　　　　　　　　　　　　　　　　　　　　　　　　　　　　　　　　［古今集］

❷ 風吹けば　沖（おき）つ（の）白波　たつた山　夜半（よは）に（こんな夜ふけに）や君が　一人越ゆらむ
　　　　　　　　　　　　　　　　　　　　　　　　　　　　　　　　　［古今集］

❸ みかの原　分きて流るる　いづみ川　いつ見きとてか〈あなたのことがこんなに〉恋しかるらむ
　　　　　　　　　　　　　　　　　　　　　　　　　　　　　　　　　［新古今集］

ヤマの解説

❶ 答 「春日野の雪間をわけて生ひ出でくる草の」が「はつかに」を導く、比喩型の序詞です。「の」がポイント。
　 訳 春日野に残る雪の間を分けて生え出てくる若草がわずかに見えるように、ちらっと見かけたあなたよ。

❷ 答 「風吹けば沖つ白波」が「たつ」を導く、掛詞型の序詞です。「の」がポイント。
　 訳 風が吹くと沖の白波が立つ、その立田山を、こんな夜ふけに、あなたは今ごろ一人で越えているのだろうか。

❸ 答 「みかの原分きて流るるいづみ川」が、「いつ見」を導く、同音型の序詞です。昔は濁点をうちませんから、「いつみ川」「いつ見」で同じなのです。
　 訳 みかの原を二つに分けて流れるいづみ川、その「いつみ」ではないが、いつ見かけたからといってあなたのことがこんなに恋しいのだろう。

❹ 答 「飛ぶ鳥の声も聞こえぬ奥山の」が「深き」を導く、比喩型の序詞です。「の」がポイント。
　 訳 飛ぶ鳥の声も聞こえない深い山奥のような私の深い心を、人は知ってほしい。

❺ 答 「わが背子が衣」が「はる」を導く、掛詞型の序詞です。
　　「はる」は、衣を「洗い張り」する意と、「春雨」の意の掛詞です。

218

❹ 飛ぶ鳥の　声も聞こえぬ　奥山の　深き心を　人は知らなむ
[古今集]

❺ わが背子が（私の夫の）　衣はるさめ　降るごとに　野辺の緑ぞ　色まさりける
[古今集]

❻ 多摩川に　さらす手作り（手作りの布）さらさらに　何ぞこの子（娘）の　ここだかなしき（こんなにもいとしいのだろう）
[万葉集]

❼ 由良の門を　渡る舟人　梶を絶え（梶をなくして）ゆくへも知らぬ　恋の道かな
[新古今集]

訳　私の夫の衣を張る、その「はる」ではないが、春雨が降るごとに、野辺の緑が色の濃さをましてゆくことだ。

❻答　**多摩川にさらす手作り**」が「**さらさら**」を導く、同音型の序詞です。この序詞などは、川で布をさらす娘たちを、実際に描いているようなイメージがあります。

訳　多摩川にさらす手作りの布ではないが、さらにさらに、どうしてこの娘がこんなにもいとしいのだろう。

❼答　**由良の門を渡る舟人梶を絶え**」が、「**ゆくへも知らぬ**」を言いたいための、比喩型の序詞です。単に「ゆくへ」でない点で、かなり難しい例でしょう。

訳　由良の海峡を渡る舟人が梶をなくして途方にくれているように、どこへ行くかもわからない不安な恋の前途だなあ。

43 縁語（えんご）

縁語ベスト25

① 芦（あし）——かりね（刈り根）・よ（節）・ひとよ
② 泉（いづみ）——く（汲）む・わ（湧）く
③ 糸（いと）——ほころ（綻）ぶ・乱る・よ（撚）る・か（掛）く
④ 浦（うら）——あま（海人）・みる（海松）
⑤ 鏡（かがみ）——曇る・あらはる・かげ（影）
⑥ 笠（かさ）——あめ（雨）・さす
⑦ 髪（かみ）——なが（長）し・乱る
⑧ 川（かは）——なが（流）れ・沈む・渡る・せ（瀬）・淵（ふち）・そこ（底）
⑨ 霧（きり）——は（晴）る・た（立）つ・空
⑩ 草（くさ）——も（萌）ゆ・か（刈・枯）る・結ぶ・め（芽）
⑪ 煙（けぶり）——火・くゆる・なびく・こがる
⑫ 衣（ころも）——き（着）る・な（萎）る・は（張）る・た（つゆ（露）

ヤマを講義 「言われてみれば縁がある」語

「縁語」は、中心となるある語から連想される語を、意識的に和歌の中に詠み込む修辞法を言います。
一見「**掛詞**」のように見えますが、片方の意味は歌の内容とは関係がなく、口語訳する場合も、二つの意味を解釈したりはしません。あくまで、**「言われてみれば縁がある」**ということだけのことです。

例 鈴鹿山 憂き世をよそに ふり捨てて いかに**なり**ゆく わが身なるらむ
　　　　　　　　　　　　　（振り）　　　　　（鳴り）
　　　　　　　　　　　　　　　　　　　　　　　[新古今集]

訳 鈴鹿山を、つらいこの世を振り捨てて越えてゆくのだが、この先どうなってゆくわが身であろうか。

右の歌では、「ふり」と「なり」が「鈴」の縁語になっています。「鈴」は「振る」と「鳴り」ますから、縁があるんですね。
ただし、「鈴を振りながら山を越えてゆくとチリンチリンと鳴りました」のように詠んだのでは、縁語とは言えません。オモテの意味のままではダメで、右の歌では、「鈴

⑬ 鈴 ── ふ(振)る・な(鳴)る
⑭ 袖 ── 結ぶ・と(解)く・た(裁)つ・は(張)る
⑮ 竹 ── よ(節)・ね(根)
⑯ 月 ── い(入)る・傾く・雲・山の端
⑰ 露 ── 消ゆ・置く・結ぶ・は(葉)・の(野)・あき(秋)・命・玉
⑱ 難波江 ── あし(芦)・うらみ(浦見)・みをつくし(澪標)・渡る
⑲ 波 ── た(立)つ・こ(越)ゆ・か(返)る・ぬ(濡)る・ね(音)・うら(浦)
⑳ 涙 ── なが(流)る・水
㉑ 火 ── も(燃)ゆ・こがる・消ゆ・木
㉒ 藻塩 ── や(焼)く・こがる
㉓ 雪 ── 積もる・と(溶)く・き(消)ゆ・ふ(降)る
㉔ 弓 ── い(射)る・は(張)る・ひ(引)く・か(交)へる
㉕ 緒 ── た(絶)ゆ・弱る・ながらふ・長し・短し

⑬ 袖 ── つ・つま(褄)・うら(裏)
　（※上段冒頭の①〜⑫の語群は見えない箇所あり）

はあくまで山の名前の一部であって、「ふり捨て」も、「な・りゆく」も、「鈴を振ったら鳴った」と言っているわけではありません。

もう一つ、複雑な 例 を有名な歌で見てみましょう。

例
枕詞
からころも　着つつ なれ にし つま しあれば はる ばる きぬる　旅をしぞ思ふ
（来）　　　　　　（馴れ）（褻れ）（妻）（褄）　（遥々）（張る）
序詞
着
[古今集]

訳 唐衣を着ならして体になじむように馴れ親しんだ妻が都にいるので、はるばるとやって来た旅をしみじみと思うことだ。

「なれ」「つま」「はる」「き」が「ころも」の縁語になっています。左側の（　）の中にあてはめた語の意味で「衣」に縁があるのですが、歌の意味は、右側の（　）の中にあてはめた語のほうです。

しかも、この歌は、「からころも」が「着」の枕詞、「からころも着つつ」が、掛詞「なれ」を導く序詞になっていて、五・七・五・七・七の各句の頭に「かきつはた」という花の名前を詠み込む「折句」（224ページ）という技巧もこらされています。

演習ドリル

次の❶〜❺の和歌の太字の語を中心とする縁語を抜き出して答えよ。(抜き出しは和歌の中の形のままでよい)

❶ **袖**ひちて　むすびし水の　凍れるを　春立つ今日の　風やとくらむ　［古今集］

訳 (夏の日に) 袖がぬれて (手に) すくった水が (冬の間) 凍っていたのを、立春の今日の風が溶かしているだろうか。

袖―〔　　〕〔　　〕〔　　〕

❷ 青柳の　**糸**よりかくる　春しもぞ　乱れて花の　ほろびにける　［古今集］

訳 柳の枝が、まるで風が緑の糸をより合わせたようになびいている春だというのに、一方では花が乱れるようにつぼみを開くとは。

糸―〔　　〕〔　　〕〔　　〕

ヤマの解説

❶ 歌意としては、「掬び (水などを両手ですくう)」「春立つ」で立春のこと)「溶く (氷がとける)」「春」「立つ」「結び」「張る」「裁つ」「解く」の意味ですが、「袖」が「布」に関係があることから、「結び」「張る」「裁つ」「解く」の意味合いで縁語になっています。しかし、これらは、歌の内容とは関係ありません。

答 むすび・春・立つ・とく

❷ 歌意としては、柳の細い枝が「撚り子」、「乱れ (咲き乱れる)」「ほころび (つぼみが開く)」の意味ですが、「糸」が撚り (何本かねじり合わせて一本にする)、からまって「乱れ」る、「ほころび (ほつれる)」という意味合いの縁で、縁語になっています。

答 より (よりかくる)・乱れ・ほころび

❸ 歌意としては、「長から (末長く)」「乱れ (心が乱れる)」の意味ですが、「髪」が「長い」、長いと「乱れる」ことから、縁語になっています。「黒髪の」は「乱れ」にかかる枕詞です。

答 長から・乱れ

❹ 歌意としては、「さし (めざす)」「天 (空)」の意味ですが、「雨」が降れば「笠」を「さす (かざす)」という関連で縁語になっています。

答 さし・天

222

❸ 長からむ 心も知らず 黒髪の 乱れて今朝は ものをこそ思へ　［千載集］

訳 末長く続くようなあなたの心かどうかもわからず、今朝は心も乱れて物思いに沈むことだ。

髪—〔　　〕〔　　〕

❹ さして行く 笠置の山を 出でしより 天が下には 隠れ家もなし　［太平記］

訳 身を守る笠とも頼んでめざしてきた笠置山を出てからは、この世には雨をさけるほどの隠れ家もないことだ。

笠—〔　　〕〔　　〕

❺ 難波江の 芦のかりねの ひとよゆゑ みをつくして や恋ひわたるべき　［千載集］

訳 難波の入り江の芦の刈り根の一節のような、短い旅の仮寝の一夜のために、身を尽くしてあなたを恋い続けるのだろうか。

難波江—〔　　〕〔　　〕〔　　〕

芦—〔　　〕〔　　〕〔　　〕

❺ この歌は、たいへん複雑な歌です。
まず、「難波江の芦の」が「かりね」を導く**序詞**です。掛詞にかかる型の序詞です。
「かりね」は「刈り根」と「仮寝」、「ひとよ」は「一節（竹の節と節の間の筒の部分一つ分）」と「一夜」の**掛詞**です。
「芦（水辺に生育する縁で）」「みをつくし（歌意は「身を尽くし」ですが、水路の道標の「澪標」の縁で）」「わたる（歌意は「恋ひわたる」という補助動詞の用法ですが、水を「渡る」縁で）」が「難波江」の**縁語**です。
さらに、「芦」を中心にして、「かりね」と「ひとよ」が、歌意は「仮寝・一夜」ですが、「刈り根、一節」の縁で、**縁語**になっています。

答 難波江—芦・みをつくし・わたる
芦—かりね・ひとよ

44 物名(もののな)・折句(おりく)・沓冠(くつかむり)

① 物名

例
桔梗(ききゃう)の花
あきちかう のはなりにけり 白露の 置ける草葉も 色変はりゆく
[古今集]

訳 秋も近く野はなってしまったなあ。白露の降りた草葉も色が変わってゆくことだ。

② 折句

例
忍草(しのぶぐさ)
山高み つねにあらしの ふくさとは にほひもあへず 花ぞ散りける
[古今集]

訳 山が高いので、いつも嵐の吹くこの里では、花は満開にもならないうちに散っているよ。

ヤマを講義 ①

「物名」は物の名前を隠して詠み込む

「物名」は「隠題(かくしだい)」ともいい、上の例の「桔梗(ききゃう)の花」や「忍草(しのぶぐさ)」のような、物の名前を、和歌のどこかに隠して詠み込む遊びです。

・・・「桔梗の花が秋の野原に咲いている」のように詠んでもダメで、いかに隠して詠むかが腕の見せ所です。

歌の内容とは関係がないギャップの面白味を出すケースもありますが、上の「桔梗の花」などは、季節的にはいかにもぴったりで、直に詠み込んでいるわけではありませんが、題と歌の内容がうまく合っています。

ヤマを講義 ②

「折句」は各句の頭に五文字を詠み込む

「折句」は、上の例の「杜若(かきつばた)」や「女郎花(をみなへし)」のように、五音の物の名前を、五・七・五・七・七の各句の頭に、「か・き・つ・は・た」のように、分けて読み込む遊びです。

③ 沓冠

例 杜若(かきつばた)
からころも **き**つつなれにし **つ**ましあれば **はる**ばる来ぬる **た**びをしぞ思ふ　　[古今集]
訳 唐衣を着ならして体になじむように馴れ親しんだ妻が都にいるので、はるばるやってきた旅をしみじみと思うことだ

例 小倉山の峰に立ち(わが身を山に)なじませて鳴く鹿が、幾年の秋を鳴きとおしたことか、知る人もない。
をぐら山 みね立ちならし なく鹿の へにけむ秋を しる人ぞなき　　[古今集]

例 女郎花(をみなへし)
訳 （省略）

例 春
はなの中 目に飽(あ)くやとて 分けゆけば 心ぞともに 散りぬべらなる　　[古今集]
訳 花の中を、見あきるほどに見られようかと分け入ってゆくと、心までも一緒に散りそうになってきたよ。

---

③ ヤマを講義
「沓冠」は頭と末尾に詠み込む

上の**例**は、「はる」という二音を、歌全体の頭（冠）と末尾（沓）に、「は」と「る」に分けて詠み込んでいますが、もっと複雑なものもあります。

例 逢坂も 果ては往来の 関もゐず 尋ねて訪ひ来 なば帰さじ　　[栄花物語]

訳 逢うのもままならなかったが、今は往き来をとがめる関守もいないから訪ねておいで、来たら帰さないよ。

これは、村上天皇がお后たちに送った歌なのですが、た だ「来なさい」と言っているのではありません。五・七・五・七・七の各句の頭をまず読むと、「あはせたき」、各句の末尾を上から読むと、「ものすこし」、つまり「**合はせ薫(たき)物少(ものすこ)し**(ブレンドしたお香を少し持っておいで)」と言っているのです。あるお后だけがそれに気づいてお香を届けさせ、たいそう感心されたそうです。

読みのヤマ単 7 月名・時刻・方位 ベスト24

月名

- **睦月** 読：むつき。意：陰暦一月（正月）。
- **如月** 読：きさらぎ。意：陰暦二月。
- **弥生** 読：やよい（やよひ）。意：陰暦三月。
- **卯月** 読：うづき。意：陰暦四月。
- **皐月** 読：さつき。意：陰暦五月。
- **水無月** 読：みなつ（づ）き。意：陰暦六月。
- **文月** 読：ふづき。ふみつき。意：陰暦七月。
- **葉月** 読：はづき。意：陰暦八月。
- **長月** 読：ながつき。意：陰暦九月。
- **神無月** 読：かんなづき。意：陰暦十月。
- **霜月** 読：しもつき。意：陰暦十一月。
- **師走** 読：しわす（しはす）。意：陰暦十二月。

時刻・方位

- **子** 読：ね。意：午前0時。方角は北。
- **丑** 読：うし。意：午前2時。
- **寅** 読：とら。意：午前4時。「艮（うしとら）」は北東。
- **卯** 読：う。意：午前6時。方角は東。
- **辰** 読：たつ。意：午前8時。
- **巳** 読：み。意：午前10時。
- **午** 読：うま。意：午前12時。方角は南。「巽（たつみ）」は東南。
- **未** 読：ひつじ。意：午後2時。
- **申** 読：さる。意：午後4時。「坤（ひつじさる）」は南西。
- **酉** 読：とり。意：午後6時。方角は西。
- **戌** 読：いぬ。意：午後8時。
- **亥** 読：い（ゐ）。意：午後10時。「乾（いぬゐ）」は西北。

PART 10

整理運動テスト

**文法の力を解釈に
生かせるか！**

さあ、ここまでの勉強で
用言・助動詞・助詞・識別など、
文法力がついてきただろうか？
短い文の訳し分けで
最後にまとめの力だめしをしてみよう！
不十分なポイントは
もとにもどって力の補強を！

HOP

次の各文を口語訳せよ。

❶ 花咲かず。
❷ 花咲きぬ。
❸ 花咲けり。
❹ 花咲かむ。
❺ 花咲くらむ。
❻ 花咲きたりけむ。
❼ 花咲きぬべし。
❽ 花咲くめり。
❾ 花咲くまじ。

解答・解説

HOP

❶「ず」は打消の助動詞。（82ページ）
答 花が咲かない。

❷「ぬ」は完了の助動詞。（46ページ）
答 花が咲い(てしまっ)た。

❸「り」は存続・完了の助動詞。（50ページ）
答 花が咲いている。花が咲い(てしまっ)た。

❹「む」は推量の助動詞。（62ページ）
答 花が咲くだろう。

❺「らむ」は現在推量の助動詞。（66ページ）
答 (今,ごろ)花が咲いているだろう。

❻「けむ」は過去推量の助動詞。（66ページ）
答 花が咲いていただろう。

❼「ぬ」は強意の助動詞。（50ページ）
「べし」は推量の助動詞。（70ページ）
答 きっと花が咲くだろう。

❽「めり」は推定の助動詞。（74ページ）
答 花が咲くようだ。

❾「まじ」は打消推量の助動詞。（82ページ）
答 花が咲かないだろう。

228

⑩ 花咲かまほし。

STEP

⑪ 花咲かば、行かむ。

⑫ 雨降りたれば、行かじ。

⑬ 月ぞ出でぬ。

⑭ 月やは出づる。

⑮ 月こそ出でね、行かむ。

⑯ 雨もぞ降る。

⑰ 月の出づるにや、

⑱ 花だに咲かず。

---

⑩ 答 「まほし」は希望の助動詞。（86ページ）
　花が咲いてほしい。

STEP

⑪ 未然形＋「ば」＝仮定。（96ページ）
　答 「む」は意志の助動詞。（62ページ）
　花が咲いたら、行こう。

⑫ 已然形＋「ば」＝〜ので。（96ページ）
　答 「じ」は打消意志の助動詞。（82ページ）
　雨が降っているので、行かないつもりだ。

⑬ 答 「ぬ」は「ぞ」の結びで、打消の助動詞「ず」の連体形。

⑭ 答 「やは」で反語。（108ページ）
　月が出るだろうか、いや月は出ない。

⑮ 答 「こそ…ね（打消の已然形）」で、逆接で下へ。（108ページ）
　月が出ない。

⑯ 答 「もぞ…連体形」で心配を表す。（108ページ）
　雨が降ったら困る。雨が降ったら大変だ。

⑰ 答 「の」は主格の格助詞。（92ページ）
　「にや（あらむ）」の省略。（104ページ）
　月が出るのであろうか。

⑱

⑲ 花だに咲け。

⑳ 雨さへ降りそそぐ。

JUMP

㉑ 花咲かぬなり。

㉒ 花咲きぬなり。

㉓ 花咲きなむ。

㉔ 花咲かなむ。

㉕ 花咲きぬ。

㉖ 月の出づるにあらず。

㉗ 月出でにしがな。

---

⑱ 答 「だに」は類推の副助詞。（112ページ）

⑲ 答 命令を伴う「だに」は限定。せめて花だけでも咲け。（112ページ）

⑳ 答 「さへ」は添加の副助詞。雨までも降りそそぐ。（112ページ）

JUMP

㉑ 答 「ぬ」は打消の「ず」の連体形。花が咲かないのである。（142ページ）

㉒ 答 「ぬ」は完了の「ぬ」の終止形。「なり」は伝聞の助動詞。花が咲いたそうだ。（122・74ページ）

㉓ 答 「な」は強意の助動詞、「む」は推量の助動詞。連用形に接続している。花が咲いてほしい。花が咲かないかなあ。（138ページ）

㉔ 答 「なむ」は願望の終助詞。きっと花が咲くだろう。（138ページ）

㉕ 答 「に」は完了の助動詞「ぬ」の連用形。「けり」は伝聞過去の助動詞。（130・42ページ）

㉖ 答 「に」は断定の助動詞「なり」の連用形。月が出てしまった（そうだ）。（130ページ）

㉘ 花に行かばや。

㉙ 花見にえ行かざりき。

㉚ 雨な降りそ。

㉗ **答** 「にしがな」は願望の終助詞。(116ページ)
月が出(てくれ)ないかなあ。

㉘ **答** 「ばや」は自己の願望の終助詞。(116ページ)
花を見に行きたい(ものだ)。

㉙ **答** 「え…ざり(打消の「ず」の連用形)」で不可能を表す。
「き」は過去の助動詞。(42ページ)
花を見に行くことができなかった。
(164ページ)

㉚ **答** 「な…そ」で禁止。(168ページ)
雨よ降るな。雨が降ってくれるな。

「ず」は打消の助動詞。(82ページ)
月が出たのではない。

231

本文デザイン=**Malpu Design**（佐野佳子）
イラスト=かわにしよしと
編集協力=たけうち編集事務所　岩崎美穂
データ製作=株式会社ジャパンアート

主要助詞一覧

1 格助詞

助詞	意味・用法	接続
が	主格(ガ・ハ)、連体格(ノ)、同格(テ)、準体言(ノモノ)、比喩(ノヨウナ…ノヨウニ)	体言、連体形
の	主格、動作の目的・対象・原因、比較の基準、受身・使役の対象、変化の結果、強調、敬意の対象	体言、副詞、形容詞・形容動詞の語幹
に	時間、場所、動作の目的・対象・原因、比較の基準、受身・使役の対象、変化の結果、強調、敬意の対象	体言、連体形
を	動作の対象、動作の起点、経過する場所	体言、連体形、連用形
へ	動作の方向、帰着点	体言、連体形
と	動作の共同者、並列、引用、比喩、変化の結果、比較の基準	体言、連体形、引用文
より	動作・作用の起点、比較の基準、動作・作用の場所、方法・経過する場所	体言、連体形
から	動作の時、年齢、方法、手段・材料、原因・理由	体言、連体形
にて	場所、時、方法、手段・材料、原因・理由	体言、連体形
して	引用、原因・理由、動作の目的、物の名・地位	体言、連体形、格助詞「を」
とて	方法・手段、使役の対象、動作の共同者	体言、連体形、引用文

2 接続助詞

助詞	意味・用法	接続
ば	順接仮定条件(モシ…ナラバ…タラ)、順接確定条件……原因・理由(ノデ・カラ)、恒常的条件(トイツモ)、偶然的条件(ト)	未然形 已然形
と・とも	逆接仮定条件(テモ)	已然形
ど・ども	逆接確定条件(ケレドモ・ノニ・ガ)	已然形
ものの・ものから・ものを	逆接確定条件(ケレドモ・ノニ・ガ)	連体形
が	逆接確定条件(ケレドモ・ノニ・ガ)、単純な接続(ト)	連体形
に	順接確定条件……原因・理由(ノデ)、逆接(ナガラ・ノニ)、状態	連体形
を	単純な接続(テ)、原因・理由(ノデ)、逆接(ナガラ・ノニ)、状態	連体形
て	単純な接続(テ)	連用形
して	打消(…ナイデ…ナクテ…ズニ)	未然形
で	動作の反復・継続、同時(二つの動作の並行)、余情	動詞型の連用形
つつ	同時(二つの動作の並行)、状態の継続(ノママデ)、逆接確定条件(ガ・ケレドモ・モノノ)	動詞型の連用形
ながら	動作・形容・助動詞「ず」の連用形	形・形動・助動詞「ず」の連用形

3 係助詞

助詞	意味・用法	接続
は	強調、詠嘆	種々の語、連体形、連用形